Frank Huelmann

Baseler Eigenkapitalvereinbarung

Basel I/II

Impressum

Frank Huelmann
Baseler Eigenkapitalvereinbarung
-Basel I/II-
1.Auflage, Münster / i.W. 2004
Herstellung und Verlag: Books on Demand GmbH, Norderstedt
ISBN 3-8334-0398-5

Inhaltsverzeichnis

Baseler

Eigenkapitalvereinbarung

Basel I/II

I. Einführung

1. Basel I

In Deutschland wird derzeit heftig darüber diskutiert, welche Auswirkungen, insbesondere Chancen und Risiken die neuen Baseler Eigenkapitalregeln für Kreditinstitute in sich bergen.

Bereits 1988 erließen die Aufsichtsbehörden der G-10 Staaten, koordiniert von der Baseler Bank für internationalen Zahlungs-ausgleich, einheitliche Richtlinien für die Eigenkapital-ausstattung von Banken, die in den ersten Baseler Akkord (Basel I) eingingen. Dieser findet seitdem Anwendung und wurde seit seiner Einführung oftmals als sogenannter Meilen-stein in der methodischen Entwicklung der Bankenaufsicht bezeichnet und angesehen.

Mit Basel I hatte man verbindliche Richtlinien für die notwendige Hinterlegung von Eigenkapital in Relation zu den vergebenen Bankkrediten geschaffen. Mit anderen Worten bedeutete dies, daß durch die Einführung von Basel I den Banken klare Vorgaben bezüglich der Kreditvergabe gemacht wurden. Zur Absicherung der Kreditsumme mußten die Banken einen festen Betrag ihres eigenen Kapitals bei den Zentralbanken zur Absicherung des Kredites hinterlegen. Hierdurch wurde die Begrenzung des Insolvenzrisikos einer Bank angestrebt.

Durch Basel I bedingt begannen die Banken „die schlechten Risiken durch die guten Risiken" quer zu subventionieren. Dies äußerte sich dadurch, daß laut Vorgabe durch Basel I 8% des herausgelegten Kreditvolumens einer Bank einheitlich mit Eigenkapital zu unterlegen war. Dabei spielte die Bonität des jeweiligen Schuldners keine Rolle. Im Klartext waren ab diesem Zeitpunkt für jede kreditierte Mark (heute: Euro) 8% bei der Landeszentralbank zur Kreditabsicherung zu hinterlegen.

In diesem Zusammenhang darf nicht unerwähnt bleiben, daß die einheitliche Eigenkapitalquote klare praktische Hintergründe besaß. Die seinerzeit verfügbaren Computersysteme waren noch nicht in der Lage, eine Vielzahl von Daten zu verarbeiten, so daß aufgrund der Kapazitätsgrenzen der damals gängigen Verfahren zur Kreditrisikomessung eine klare und somit auch starre Vorgabe notwendig war.

Hiervon kann jedoch in der Zukunft abgewichen werden, da sowohl die Computersysteme, als auch die Kreditrisiko- messkriterien deutlich differenzierter und ausgereifter sind. Es besteht nunmehr einfach die Möglichkeit, wesentlich mehr Daten bei angemessenem Zeit- und Arbeitsaufwand zu ver- arbeiten als es in der Vergangenheit der Fall war, da sowohl die zur Verfügung stehende Software als auch Hardware wesentlich leistungsfähiger sind als noch in den '80 ziger Jahren, als Basel I ins Leben gerufen wurde.

2. Basel II

Hiervon beeinflußt wurde der zweite Baseler Akkord (Basel II) erarbeitet. Dieser sollte ursprünglich im Jahre 2004 in Kraft treten. Aus verschiedenen Gründen, die keiner besonderen Er- wähnung bedürfen, kam es jedoch zu Verzögerungen, so daß nunmehr im Jahre 2006 und dies wohl auch erst im vierten Quartal die neuen Richtlinien in kraft treten sollen.

Bislang wird Basel II in der Öffentlichkeit, insbesondere in Deutschland, heftig diskutiert, was sich bereits an den vielfältigen Publikationen in der Presse erkennen läßt. Letztlich zeigt die Diskussion jedoch, daß lediglich ein eher rudimentäres Verständnis darüber vorherrscht, was Basel II letztlich bedeutet und mit welchen Konsequenzen gerechnet werden muß. Dabei scheint der wohl am stärksten betroffene Bereich der Klein- und mittelständischen Unternehmen die Tragweite insgesamt noch nicht vollständig zu erfassen. Die aus Basel II erwachsenden Veränderungen werden derart tiefgreifend sein, daß der Fortbestand einiger Unternehmen grundsätzlich in Frage gestellt sein wird.

Damit die Hintergründe hinreichend deutlich werden, ist zunächst das bisherige „Basel I Prinzip" zugrunde zu legen und zu erläutern. Hiernach vergeben Banken bislang Kredite an Unternehmen mit der Maßgabe, daß diese grundsätzlich mit sog. 100%, ohne Ansehung ihrer tatsächlichen Bonität, gewichtet werden. Die Gewichtung eines Kredites soll das Ausfallrisiko, untechnisch ausgedrückt, zum Ausdruck bringen, was vorliegend mit vollem Ausfallrisiko (100%) zu bemessen wäre. Aufgrund der einheitlichen Gewichtung aller Kredite müssen die Banken zur Absicherung eines möglichen Kredit-

4

ausfalles selbst einen bestimmten Prozentsatz der Kreditsumme hinterlegen. Der Hinterlegungssatz bemißt sich hierbei einheitlich mit 8%. Im Ergebnis hat die Bank somit für Unternehmenskredite 8% des Kreditrisikobetrages (Kredit-summe) als Eigenkapital zu hinterlegen.

Diese bankenaufsichtsrechtliche Vorgabe führt für die Banken letztlich dazu, daß im Falle der Kreditvergabe, unabhängig wie gut der jeweilige Kredit abgesichert ist, jeweils ein Betrag i.H.v. 8% der Kreditsumme vom Eigenkapitalstamm der Bank hinter-legt werden muß. Somit büßen die Banken einen Teil der ihnen zur Verfügung stehenden Finanzmittel ein, die sie nicht ge-winnbringend einsetzen können. Der Ertrag sinkt dadurch not-wendigerweise.

Aufgrund der vorgenannten Verfahrensweise werden somit alle Kunden „gleich" behandelt. Die Bonität des einzelnen spielt hiernach keine Rolle. Selbstverständlich sollte jedoch nicht verkannt werden, daß dieses starre System mittlerweile nur noch eine grobe Richtschnur darstellt.

Die Banken haben, obwohl Basel I dies nicht erforderte, auch in der Vergangenheit bereits zunehmend versucht, auch die

Einzelfallbonität bei der Vergabe der Kreditkonditionen hinreichend zu berücksichtigen.

Dadurch eröffnet sich für die Banken die Möglichkeit der Ertragssteigerung durch risikoadäquate Zinsen.

Mit der Vorlage des Konsultationspapiers (Basel II) zur Reformierung der Eigenkapitalübereinkunft (Basel I) ist Bewegung in die Diskussion um ein einheitliches und angemessenes Verfahren zur Bemessung der aufsichtsrechtlichen Eigenkapitalunterlegung von Kreditrisiken gekommen. Das vorgelegte Konsultationspapier soll den bisherigen Kritikpunkten Rechnung tragen, die im Wesentlichen anprangerten, daß eine Einheitliche Behandlung aller Kunden zu untragbaren Ungerechtigkeiten führen. Ziel war es, eine differenziertere Risikobewertung gewährleisten. Dies soll vor Allem dadurch erreicht werden, daß die Höhe der vorzuhaltenden Eigenmittel (Eigenkapitalanforderungen) vermehrt von der tatsächlichen Bonität eines jeden Kunden abhängt. Damit soll in erster Linie eine größere Übereinstimmung zwischen ökonomischem und aufsichtsrechtlichem Kapitalbedarf gewährleistet werden.

Die in diesem Zusammenhang von einigen Mittelstandsvertretern am Rande propagierte Ansicht, daß 20% der Mittelständler diese Politik nicht überleben und die Banken angesichts der Konjunkturflaute die Kreditvergabe stoppen werden, ist zu undifferenziert und somit kaum aussagekräftig. Es bedarf zur Beurteilung und Abschätzung der Angelegenheit immer der konkreten Einzelfallbetrachtung. Letztlich werden Banken immer an ihren Kunden Interesse haben und werden diese auch nicht verlieren wollen. Das Festhalten an den Kunden um jeden Preis wird es aber nicht mehr geben. Zudem ist auch noch hinreichend Zeit, um am eigenen Rating zu arbeiten und sich somit auf die zukünftigen Anforderungen einzustellen.

Letztlich darf auch nicht unerwähnt bleiben, daß vier von fünf Sparkassen Basel II positiv gegenüber stehen, was repräsentative Umfragen ergeben haben. Insbesondere der Bundesverband öffentlicher Banken Deutschlands (VöB) sieht hier auch für Banken wesentliche Veränderungen. Durch die zukünftigen Veränderungen wird in die strategische Planung der Institute und der Neuausrichtung bei Aufbau- und Ablauforganisation, der Geschäftsprozesse, Datenverarbeitungssysteme, Datenverarbeitungsmethodiken, der Personalstruktur und der Qualifikation der Mitarbeiter eingegriffen.

Von diesem Ansatzpunkt ausgehend wird zukünftig zur Bemessung bzw. Bewertung der ökonomischen Risiken einer Bank im Kreditgeschäft durch Kreditausfälle und dem von der Bankenaufsicht verlangten Hinterlegungskapital grundsätzlich das sogenannte Rating eingesetzt. Teilweise findet man auch den Begriff Scoring, was letztlich aber miteinander korrespondiert. Nach Ansicht von Bankfachleuten soll das Rating bzw. Scoring sehr viel stärker und somit differenzierter auf die einzelnen Probleme und Bedürfnisse der Unternehmen auf der einen Seite und der Banken auf der anderen Seite im Rahmen der Kreditvergabe eingehen. Das bislang im wesentlichen geltende "Gießkannenprinzip" scheidet zukünftig aus.

Basel I ./. Basel II

Seit 1988 Basel I	Hinterlegungssatz einheitlich 8 %
Ab voraussichtlich 2006 Basel II	Hinterlegungssatz je nach Bonität

Chronologie

Juli 1988	Veröffentlichung der Baseler Eigenkapitalvereinbarung (Basel I)
Ende 1992	Basel I tritt in kraft
Januar 1996	Baseler Marktrisikopapier
Juni 1999	Erstes Konsultationspapier zu Basel II
Januar 2001	Zweites Konsultationspapier zu Basel II
Dezember 2001	Veränderung des bisherigen Zeitplanes
Mai 2003	Drittes Konsultationspapier zu Basel II
Ende 2003	Veröffentlichung der neuen Eigenkapitalvereinbarungen
Ende 2006	Inkrafttreten von Basel II (voraussichtlich)

II. Rating

Durch die Vorgaben im Rahmen von Basel II bedarf es in Zukunft eines eingehenden Rating/Scoring. Hierunter versteht man in Ableitung zu den aus dem englischen Sprachgebrauch stammenden Begriffen (to rate; to score) nichts anderes als Einordnung bzw. Zuordnung. Im Klartext sollen die Kunden in Zukunft durch ein speziell entwickeltes Verfahren im Hinblick auf ihre Kreditwürdigkeit genau eingeordnet bzw. zugeordnet werden, wodurch eine Abstufung bzw. Trennung nach der Kreditwürdigkeit ermöglicht wird. Man spricht in diesem Zusammenhang von Ausfallwahrscheinlichkeiten (Probabilities of Default / POD), Verlustquoten (Loss Given Default / LGD) und erwartete ausstehende Forderungen bei Ausfall (Exposure at Default / EAD).

Die Banken werden zu diesem Zweck eine Vielzahl aus ihrer Sicht entscheidungserheblicher Daten zur Ermittlung der Unternehmenssituation zusammenstellen bzw. von den Kunden vorlegen lassen und auf dieser Grundlage Abstufungen bzw. Trennungen vornehmen. Es ist davon auszugehen, daß mindestens jährliches Neurating aller Kreditnehmer erfolgen wird, damit die jeweils aktuelle Risikosituation erfaßt werden kann.

Diesbezüglich unterscheidet man zwischen internem und externem Rating.

1. Internes Rating

Unter dem Begriff „internes Rating" wird im allgemeinen ein entscheidungsstützendes System zur internen Einordnung durch Banken verstanden. Diese entwickeln bzw. bekommen durch die Bankenaufsicht einzelne Kriterien vorgegeben, die eine bessere und leichtere Zuordnung der Kreditnehmer in Bonitätsklassen ermöglichen soll.

Zudem sichert ein klaren Zielvorgaben folgendes Bankenrating auch intern die Möglichkeit des Kundenvergleiches und der gerechteren Einordnung unter vergleichender Heranziehung aller Kunden. Die Banken sind somit bestrebt, möglichst alle zur Verfügung stehenden relevanten Informationen zu verarbeiten. Zudem bedarf es unter Berücksichtigung dieser Daten einer transparenten und einer nachvollziehbaren Verarbeitung, die die jeweilige Gewichtung berücksichtigt.

Dies kann jedoch nur durch eine einheitliche Beurteilung im abschließenden Bewertungsprozeß gewährleistet werden. Lediglich dann, wenn die Vielzahl der gewonnen Daten und Informationen möglichst einer objektiven Bewertungsskala folgenden Beurteilung unterzogen werden, kann es zu vergleichbaren und somit auch aussagekräftigen Zuordnungen kommen.

Die Banken werden vornehmlich bestrebt sein, durch genaue Zielvorgaben dieses Ziel dadurch zu erreichen, indem der Bewertungsprozeß klar und deutlich definiert wird.

Hierbei wird unter anderem der Versuch unternommen, durch systematische Analyse der maßgeblichen Bonitätsmerkmale etwaige Kreditausfallrisiken zu erkennen und zu klassifizieren.

Dies bedeutet vor allem eine klare Trennung zwischen hohen und damit vermeidbaren und geringen und damit eher kalkulierbaren Risiken vorzunehmen.

Der Begriff des Kreditausfallrisikos charakterisiert die Gefahr eines zukünftigen Risikos im Hinblick darauf, daß der Kredit nicht oder nicht rechtzeitig bedient wird und somit ausfällt. Mithin dürfte diesem Punkt mit Blick auf das zu erwartende Rating/Scoring erhebliche Bedeutung beigemessen werden. Die Frage des Ausfallrisikos, die durch die Komponenten des Einzelrisikos und des Risikobeitrages bestimmt werden, ist sowohl für die Frage des Ob als auch des Wie eines Kredites maßgeblich. Sollten an dieser Stelle bereits Risiken aufgedeckt oder auch nur vermutet werden, kann die Kreditvergabe gefährdet oder zumindest erheblich erschwert werden. Es versteht sich aber auch von selbst, daß bei guten Prognosen diesbezüglich der Unternehmer eine erhebliche Erleichterung der Kreditvergabe erfährt. Ebenso eröffnet ein geringes Ausfallrisiko auch ein erhöhtes Verhandlungspotential bezüglich der Kreditkonditionen. Im Regelfall sind diese für den Unternehmer deutlich günstiger, je niedriger das Ausfallrisiko sich bemißt.

Im Rahmen des internen Ratings tritt die subjektive Komponente der Kreditvergabe deutlich in den Hintergrund. Vielmehr soll der Versuch unternommen werden, nicht objektivierbare Einflüsse nahezu vollständig zu eliminieren. Mithin spielen die Berufs- und Lebenserfahrung, optimistische oder pessimistische Stimmungslagen oder gar Vorurteile des Kundenberaters bezüglich einer Branche oder Person in einem derartigen Idealfall keine wesentliche Rolle mehr.

Dies darf jedoch nicht darüber hinweg täuschen, daß die Kredite nicht von den datenverarbeitenden Computern einer Bank, sondern letztlich von Menschen vergeben werden. Aus diesem Grunde werden subjektive Faktoren immer auch bei der Vergabe von Krediten eine nicht zu unterschätzende Rolle spielen. Ihre Bedeutung wird jedoch durch Basel II deutlich geringer, als es vielleicht bisher der Fall war.

Desweiteren wird mit der Einführung interner Ratings der Versuch unternommen, die etwaige unterschiedliche Risikoneigung einzelner Entscheidungsträger innerhalb der Banken zu vereinheitlichen. In der Vergangenheit hing die Vergabe oftmals von der Risikobereitschaft der Entscheidungsträger ab, was im Wege der Objektivierung nunmehr verdrängt oder zumindest in den Hintergrund treten soll.

Die Kreditvergabe wird hierdurch standardisiert und soll das Kreditausfallrisiko weiter reduzieren. Kreditvergabe wird somit planbar. Inwieweit diese Maßnahmen den mit ihnen verfolgten Zweck erreichen werden, bleibt jedoch abzuwarten.

Letztlich dienen interne Ratings auch der Qualitätssicherung in der Kundenbeurteilung und sollen durch effizientere Geschäftsablaufprozesse kürzere Durchlaufzeiten gewährleisten.

Zusammenfassend ist festzuhalten, daß interne Ratings den Banken die Möglichkeit eröffnen, ihr Kreditausfallrisiko zu minimieren. Dies wird durch einen stark objektivierten Informationsgewinnungs- und Entscheidungsprozeß gewährleistet. Dabei sollte jedoch nicht außer Betracht bleiben, daß die Entscheidung am Ende von Kreditsachbearbeitern getroffen wird, die zwangsläufig subjektive Komponenten in ihre Entscheidung mit einfließen lassen.

2. Externes Rating

Unter dem Begriff „externes Rating" versteht man die Einordnung/Eingruppierung durch sogenannte Rating-Agenturen. Im Gegensatz zum internen Rating ermittelt somit nicht die kreditvergebende Bank selbst die einzelnen Faktoren, die für ihre Entscheidung maßgeblich sind, sondern läßt dies durch externe Vergabe an Dritte erledigen.

Die wohl bekanntesten und auch führenden internationalen Rating-Agenturen sind Standard & Poors , Moody`s und Fitch IBCA. In nationaler Hinsicht sind EuroRatings AG, URA AG und RS Rating Services AG führend.

Die Aufgabe externer Rating-Agenturen besteht darin, den sogenannten Rating-Prozeß zu begleiten und das Rating-Urteil im Zusammenwirken zwischen Analyst der Rating-Agentur und Unternehmer zu erarbeiten. Hiermit ist im Klartext gemeint, daß Mitarbeiter der beauftragten Agentur zusammen mit den Unternehmen die für ein aussagekräftiges Rating notwendigen Zahlen und Daten zusammentragen und auswerten. Am Ende wird hieran die Kreditausfallwahrscheinlichkeit ermittelt, auf deren Grundlage sodann eine konkrete Eingruppierung in die verschiedenen Ratingkategorien erfolgt.

Die Bedeutung externer Ratings ist derzeit noch nicht ermittelbar, wird aber voraussichtlich eher gering sein. Dies begründet sich mit dem geringen Verbreitungsgrad und den hierdurch entstehenden Kosten. Sowohl die Banken, als auch die Unternehmen werden, auch nach Einschätzung der führenden Unternehmensberatungsgesellschaft in Deutschland, wohl eher darauf verzichten, unnötig Kosten im Vorfeld der Kreditvergabe zu produzieren. Darüber hinaus scheinen die Banken zu eigenen Analysen und Ergebnissen mehr Vertrauen zu haben als zu externen.

Die Begründung hierfür ist vielfältig. Zum einen werden Einstufungsdifferenzen unterschiedlicher Agenturen befürchtet, worunter die Objektivität leidet. Das hieraus möglicherweise resultierende „Cherry-Picking" soll jedoch vermieden werden.

Ebenso stellt sich an dieser Stelle die Vertrauensfrage der Bank an eine Ratingagentur. Oftmals besteht nicht das für ein objektives Rating/Scoring zwingend notwendige „blinde Vertrauen", so daß ein internes Rating/Scoring dem externen Rating/Scoring vorgezogen wird.

Im Ergebnis dürfte die Frage, ob externes oder internes Rating/Scoring, für die Praxis keine allzu wesentliche Rolle spielen. Soweit die Bank dies in einem Gespräch anspricht, sollte auf die Vorteile des internen Rating/Scoring offensiv hingewiesen werden. Dies ermöglicht zumindest, erhebliche Kosten einzusparen.

Im Hinblick auf die Kostentragungspflicht kann bisher nicht eindeutig geklärt werden, ob diese dem Unternehmer oder der Bank obliegt. Aufgrund der Marktmacht und der Tatsache, daß der Unternehmer etwas von den Banken begehrt, werden die Banken zunächst immer bestrebt sein, eventuelle Kosten auf den Unternehmer abzuwälzen.

Nach bisherigen Erkenntnissen wird das interne Rating von den Banken favorisiert. In diesem Zusammenhang ist aber auch erwähnenswert, daß laut Kienbaumstudie, die von der Kienbaum Management Consultants GmbH durch Befragung von 90 Sparkassen unterschiedlicher Größe durchgeführt wurde, ca. 85% aller Sparkassen die sogenannte Verbandslösung einsetzen wollen. Hierbei handelt es sich um ein vom DSGV (Deutscher Sparkassen und Giroverband) bereits entwickeltes Ratingverfahren. Es bietet den Vorteil, daß Mitgliedsunternehmen ein bereits bewährtes und standardisiertes Verfahren anwenden können, so daß ein möglichst einheitlicher Kreditvergabestandard gewährleistet ist.

Internes Rating ./. Externes Rating

Objektive Kriterien maßgeblich	Objektive Kriterien maßgeblich
Subjektive Kriterien treten zurück	Subjektive Kriterien treten zurück
Vornahme durch Bank bzw. Kreditanstalt	Vornahme durch externe Ratingagentur
Ziel: Kreditrisikomessung	Ziel: Kreditrisikomessung

III. Auswirkungen von Basel II

1. Konzerne/Großunternehmen

Die konkreten Auswirkungen von Basel II auf den deutschen Kreditmarkt sind derzeit nicht klar zu bestimmen. Teilweise wird zwar in der Presse behauptet, daß Basel II zu einer Pleitewelle führen wird, was letztlich aber noch nicht in dieser Deutlichkeit ersichtlich ist. Demgegenüber wird Basel II aber auch als Chance, insbesondere solider Unternehmen, begriffen, günstigere Konditionen zu erhalten. Offensichtlich wird derzeit aus Unsicherheit darüber, was Basel II an Veränderungen mit sich bringen wird, sogenannte „Schwarz-Weiß-Malerei" betrieben, die auf der einen Seite Besorgnis und auf der anderen Seite Hoffnungen weckt. Letztlich wird es wohl der konkreten

Einzelfallprüfung obliegen, ob Basel II positiv oder eher negativ gesehen wird.

Im Hinblick auf Konzerne/Großunternehmen werden die durch Basel II hervorgerufenen Probleme jedoch voraussichtlich nicht die tiefgreifende Bedeutung erlangen, wie es auf den ersten Blick erscheinen mag. Es versteht sich von selbst, daß auch Unternehmen dieser Kategorie Vorbereitungen treffen müssen, wobei sie aufgrund ihrer Strukturen erheblich im Vorteil gegenüber dem Mittelstand sind. Ebenso dürften die Finanzkraft und Personalressourcen zu einer deutlich besseren Bewältigung der anstehenden Aufgaben führen. Ein Großunternehmen wird tendenziell eher über qualifizierte Fachkräfte verfügen, die in der Lage sind, die notwendigen Anpassungen innerhalb des Betriebes für ein positives Rating herbeizuführen.

Auch besteht durch eine stärkere Aufgliederung und Arbeitsteilung eine leichter zu erfassende Ratingmöglichkeit, so daß die Problemerkennung wesentlich erleichtert ist. Im Hinblick auf die Problembewältigung bietet die vermehrte Aufgliederung auch den Vorteil, daß Veränderungen unmittelbar dort vorgenommen werden können, wo sie notwendig sind. Die Effektivität derartiger Maßnahmen ist damit deutlich höher.

Kleinere Unternehmen können die erforderlichen Strukuren oftmals weder aufweisen noch schaffen.

Es sollte aber nicht verkannt werden, daß auch größere Betriebe, die am Rande ihrer finanziellen und personellen Möglichkeit stehen, sich aktiv mit Basel II und den daraus resultierenden Veränderungen auseinandersetzen müssen. Insbesondere die in den letzten Jahren zunehmenden Insolvenzen von Großkonzernen sollte auch hier die notwendige Sensibilität hervorrufen, die zur Bewältigung der anstehenden Probleme notwendig ist.

Somit haben Großunternehmen aufgrund ihrer Gesamtstruktur voraussichtlich erheblich weniger Probleme mit der Einführung von Basel II. Eine klare Aussage ist jedoch nicht möglich, da es letztlich auf den konkreten Einzelfall ankommt. Eine verallgemeinernde Betrachtungsweise dahingehend, daß Basel II für Großunternehmen unbeachtlich oder allenfalls von geringer Bedeutung ist, ist sicherlich unzureichend.

Demgegenüber bedarf es insbesondere im Bereich der klein- und mittelständischen Betriebe teilweise nachhaltigerer Veränderungen und Anpassungen, um weiterhin zu bestehen.

2. Klein- und mittelständische Betriebe

Die zu erwartenden Auswirkungen von Basel II auf klein- und mittelständische Unternehmen werden nicht erst ab 2006 zu spüren sein. Vielmehr ist bereits seit Mitte 2001 eine immer stärker werdende Tendenz der Banken dahingehend zu beobachten, eine noch „abgemilderte Vorstufe" zu Basel II für die Kreditvergabe heranzuziehen.

Dies äußert sich bislang darin, daß die Banken interne Ratings bzw. Scorings mit möglichst objektiven Daten und Informationen entwickeln und anzuwenden versuchen. Hierbei ist bereits jetzt schon festzustellen, daß die Bereitschaft zur Kreditvergabe spürbar zurück geht und die Konditionen sich oftmals deutlich verschlechtert darstellen.

Diese Tendenz wird sich bis 2006, nach Einschätzung der führenden Unternehmensberatungen, noch verstärken. Dabei wird vor allem der Mittelstand erheblich Federn lassen müssen. Die Begründung hierfür ist wohl in den häufig auftretenden Mängeln insbesondere im kaufmännischen Bereich und dem betrieblichen Rechnungswesen zu suchen. Hierbei handelt es sich um die zwei wesentlichsten Ansatzpunkte des Bankenratings, die aber noch immer fast stiefmütterlich in den Betrieben behandelt werden.

Die Gründe hierfür sind vielfältig, resultieren aber oftmals aus dem Problem heraus, daß diese Bereiche als eher unwichtig angesehen werden und selbst dann, wenn ihre Bedeutung erkannt wird, oftmals die finanziellen Mittel zur Besetzung dieser Positionen mit geeigneten Fachkräften nicht möglich ist. Zur Problembewältigung bedarf es jedoch in Zukunft eines tiefgreifenden Umdenkungsprozesses. Lediglich der Hinweis darauf, daß es aus organisatorischen oder finanziellen Gründen nicht möglich ist, den gesetzten Anforderungen gerecht zu werden, ist aus Sicht der Banken unerheblich. Vielmehr bedarf es der Darlegung durch den Unternehmer, daß er sich der Bedeutung dieses Punktes bewußt ist und alle in seiner Macht stehenden Anstrengungen unternimmt, den gesetzten Anforderungen gerecht zu werden.

Von den Unternehmen wird somit aktive Problembewältigung erwartet, die als vorgeschalteter Schritt auch die aktive Problemanalyse bzw. deren Erkenntnis implementiert. Die wohl vielfach noch bestehende Ansicht bzw. das Prinzip, „das haben wir schon immer so gemacht und es hat auch irgendwie funktioniert", wird in Zukunft nicht mehr funktionieren. Ohne Analyse der fundamentalen Unternehmensdaten und der Ausrichtung des Unternehmens an den so gewonnenen Erkenntnissen werden wesentliche Nachteile bei der Kreditvergabe kaum zu vermeiden sein. Die Kreditvergabe wird in Zukunft jedes Unternehmen, sei es auch noch so klein, eingehend an den durch Basel II gesetzten Maßstäben messen. Hierzu werden die Banken durch die Bankenaufsicht nicht nur angehalten sondern auch entsprechend überwacht.

Dabei wird sich aller Voraussicht nach ein Wandel dahingehend vollziehen, daß der Mittelstand noch stärker als bisher Geschäftsverbindungen mit Sparkassen und Volksbanken unterhält. Die Begründung hierfür liegt auf der Hand, da jede zweite Bank bereits signalisiert hat, sich aus dem defizitären Geschäft mit dem Mittelstand herauszuziehen. In Erkennung dieser Marktlücke werden Sparkassen und Volksbanken nach derzeitiger Einschätzung versuchen, dort hineinzustoßen. Es sollte jedoch nicht blauäugig von „grenzenlosem Engagement" ausgegangen werden. Vielmehr werden die Sparkassen und Volksbanken ebenfalls kontrolliert und somit selektiv neue oder erweiterte Engagements eingehen. Auch dort steht letztlich der Profit im Vordergrund, wenn auch nicht so stark wie bei den Banken. Ebenso werden auch sie überwacht und können sich nicht über gesetzgeberische Vorgaben hinwegsetzen. Der Spielraum ist somit auch in diesem Bereich nicht besonders groß, obwohl er nach derzeitiger Einschätzung noch weiter ist als bei Banken.

Damit jedoch auch in Zukunft sowohl der Kleinbetrieb als auch der Mittelstand weiterhin Kredite erhalten und somit deren Fortbestand gesichert ist, bedarf es zunächst der Analyse, wie in Zukunft Kredite vergeben werden und wie Rating/Scoring konkret funktioniert.

3. Kreditvergabe in Zukunft

Die Kreditvergabe und die Ermittlung der Kreditkonditionen unterliegt ab 2006 einer Reihe von Kriterien, die bereits heute beachtet werden sollten. Die Einführung klarer Kreditvergaberichtlinien im Rahmen von Basel II bietet deutlich geringere Möglichkeiten für die Banken, sogenannte Ermessenskriterien in die Kreditvergabe einfließen zu lassen. Der Spielraum, sich trotz schlechter finanzieller Lage des Unternehmens, ohne konkrete Aussicht auf nachhaltige Besserung, trotzdem zur Vergabe eines Kredites durchzuringen, besteht nicht mehr.

Die Anwendung bzw. die Ausrichtung der eigenen Handlungsweisen sollte deshalb frühzeitig vorgenommen werden, denn nach Einführung von Basel II im Jahr 2006 wird als Grundlage des Ratings/Scorings zunächst eine Rückschau der letzten drei bis fünf Geschäftsjahre erfolgen. Hierdurch wird versucht, einen Gesamteindruck der Geschäftstätigkeit zu gewinnen. Lediglich eine ausschnittweise Betrachtung einiger Monate oder eines Jahres ist wenig aussagekräftig, weil dort kurzfristige positive oder negative Einflüsse das Ergebnis bzw. den Eindruck nachhaltig beeinflussen können. Die so gewonnenen Schlüsse können sich schnell als Trugschluß erweisen. Aus diesem Grunde macht es aus Bankensicht Sinn, eine Gesamtschau der vorangegangenen Geschäftsjahre vorzunehmen.

In einem weiteren Schritt wird dann das aktuell vorausgehende Jahr für das Rating/Scoring konkret herangezogen. Die Gesamtschau der vorangegangenen Jahre ist demnach für das eigentliche Rating/Scoring ohne Bedeutung. Es soll jedoch im Rahmen der Analyse des vorangegangenen Geschäftsjahres helfen, die gewonnenen Eindrücke auch zutreffend einzuordnen. Möglicherweise lassen sich außergewöhnlich schlechte oder auch positive Entwicklungen unter Heranziehung der Vorjahre besser einordnen. So lassen sich beispielsweise langfristige Tendenzen besser erkennen. Weiterhin können auch kurze negative Einflüsse besser erkannt werden, wie der Verlust eines wichtigen Kunden, was das Jahresergebnis nachhaltig beeinflußt, aber vielleicht anderweitig kompensiert werden kann.

Die frühzeitige Ausrichtung des Unternehmens an der gesetzten Anforderungen bietet demnach die Möglichkeit, das Rating/Scoring positiv durch Veränderungen und Schaffung positiver Bewertungsgrundlagen zu beeinflussen. Auch wenn die vorangegangenen Jahre nur einen ersten Eindruck ohne konkreten Einfluß auf das Rating/Scoring vermitteln, darf ihre Bedeutung nicht gänzlich unterschätzt werden.

Nach derzeitiger Einschätzung der Deutsche Industriebank AG werden durch die Einführung der neueren Kreditvergaberichtlinien Kredite sich im statistischen Mittel um ca. 0,5 bis 0,75 Prozentpunkte verteuern. Im Falle eines sogenannten B-Ratings wird die Kreditverteuerung zwei Prozentpunkte betragen, was den erwarteten Regelfall bei mittelständischen Unternehmen darstellt.

Sicherlich handelt es sich hierbei um Werte, die in der Theorie ermittelt worden sind, und Theorie und Praxis weichen bekanntlich voneinander ab. Es zeigt sich jedoch recht deutlich, welch nachhaltige Auswirkungen auf die einzelnen Unternehmen in Zukunft zukommen werden. Die ermittelten Verteuerungen der Kredite ist sicherlich problematisch auch im Hinblick auf die Ertragssituation eines Unternehmens. Hiermit gehen jedoch auch indirekt Auswirkungen auf den Bestand des Unternehmens an sich einher. Die Kredite werden nicht nur teurer, sondern es ist auch zu erwarten, daß bisher bestehende Kreditlinien teilweise zurückgenommen werden, so daß die bisherige Liquidität in Zukunft nicht mehr gegeben sein wird. Ebenso führen diese Veränderungen auch dazu, daß Unternehmen voraussichtlich ein weitaus geringeres Investitionsvolumen zur Verfügung haben werden, da dieses entweder aus dem Ertrag oder der bestehenden Kreditlinie heraus bestritten wird. Diese Bereiche werden sich aber aus Unternehmenssicht nachteilig verändern.

a) Bonitätsprüfung

Bei mittelständischen Unternehmen besteht i.d.R. die Möglichkeit einer umfassenden Jahresabschlußanalyse. Diese ist wesentlicher Bestandteil zur Bonitätsprüfung mittelständischer Unternehmen durch die Banken, da sie einen wesentlichen Teil der quantitativen Analyse interner Informationen des konkret zu beurteilenden Objekts darstellt. Mit anderen Worten, es wird ermittelt, welche finanzielle Leistungsfähigkeit konkret vorliegt.

Zudem besteht im Rahmen der Bonitätsprüfung die Möglichkeit, extern gewonnene Informationen ebenfalls einfließen zu lassen. Diese können beispielsweise durch SCHUFA, Verein Creditreform, das statistische Bundesamt oder das Feri-Institut bereitgestellt werden. Die Informationsgewinnung gestaltet sich dabei vielfältig. Grundsätzlich eröffnet der Rückgriff auf Informationen dieser Institutionen die Möglichkeit, auf bereits vorhandenes Informationsmaterial seriöser Quellen zurück zu greifen. In diesem Zusammenhang ist insbesondere von Bedeutung, daß beispielsweise die SCHUFA selbst auch durch Angabe eines Bonitätsindexes die einzelnen Informationen wertet. Auch hier findet somit Rating/Scoring bereits konkret Anwendung.

Die Basis der Bonitätsermittlung wird zunächst durch Einbeziehung der unternehmens- und branchenspezifischen Daten gebildet. Somit findet in die Unternehmensanalyse neben den Hard- und Soft-Facts (unternehmensspezifische Daten) auch die jeweilige Beurteilung des ökonomischen Umfeldes und der konjunkturellen Situation Eingang. Hierbei kann es sich um Branchenprognosen oder auch volkswirtschaftliche

Vergleichswerte (Indizes) handeln, auf die der einzelne Unternehmer im Regelfall keinen Einfluß hat.

Hieran wird deutlich, daß das Ergebnis des Ratings/Scorings nicht nur von dem Unternehmen selbst abhängt, sondern auch von äußeren selbst nicht beeinflußbaren Faktoren. Die Bedeutung der vom Unternehmen beeinflußbaren Faktoren erhöht sich somit, denn wenn neben negativen Branchenprognosen, die man selbst kaum beeinflussen kann, auch die Prognosen hinsichtlich des eigenen Unternehmens nicht besonders gut sind, so ist ein negatives Rating/Scoring kaum noch zu verhindern.

b) Rechtsform des Unternehmens

Die Rechtsform, der Umsatz, die Anzahl der Mitarbeiter und das Unternehmensalter stellen weitere Faktoren zur Ermittlung des Ratings/Scorings dar. Diese Faktoren finden aber keine überwiegende Bedeutung für das Rating/Scoring, sondern dienen zur Abrundung des Gesamteindrucks, so daß man kein besonderes Augenmerk hierauf richten sollte. Eine tiefgreifende Auseinandersetzung dürfte sich diesbezüglich erübrigen.

Im Hinblick auf die Rechtsform sollte jedoch nicht verhehlt werden, daß hierdurch die Haftung stark begrenzt oder gar ausgeschlossen werden kann. Aus diesem Grunde wird zumindest soweit auf die Rechtsform des Unternehmens geachtet werden, als daß diese maßgebliche Auskunft bezüglich einer möglichen Ausfallhaftung geben kann. Es bietet sich folglich an, diesen Punkt nicht gänzlich aus den Augen zu verlieren.

c) Qualität der Unternehmensleitung

Weitaus wesentlicher ist die Frage der Qualität des Unternehmers bzw. des Geschäftsführers. Hierbei wird hauptsächlich darauf abgeziehlt, welche Referenzen vorzuweisen sind. Hierbei spielen Alter, Lebenserfahrung, berufliche Erfahrung und Ausbildungsgrad eine wichtige Rolle. Diese Punkte zusammen genommen müssen einen möglichst „runden Eindruck" bei der Bank hinterlassen. Die Unternehmensleitung muß den auf sie zukommenden Problemen jederzeit gewachsen sein, sowie Weitsicht und Kompetenz ausstrahlen. Es bedarf somit des Eindrucks, daß die Unternehmens- bzw. Geschäftsleitung klaren Konzepten folgend handelt und diese Konzepte auf Daten basieren, die durch anerkannte Erkenntnismethoden gewonnen worden sind. An dieser Stelle ist die kritische Auseinandersetzung mit der eigenen Person bzw. der Geschäftsleitung an sich unerläßlich. Soweit man leitende Funktionen in einem Unternehmen übernimmt, muß für den objektiven Betrachter deutlich werden, daß man aufgrund seiner Persönlichkeit und Fähigkeiten gegenüber den übrigen Mitarbeitern eine übergeordnete Stellung im Unternehmensgefüge einnimmt und insbesondere aus dieser Tatsache heraus der Aufgabe gewachsen sein wird.

Aus Sicht der Banken muß an dieser Stelle ein Konzept nebst aussagekräftiger Unterlagen in jedem Fall vorgelegt werden.

In Zukunft dürften insbesondere Unternehmer ohne qualifizierte Ausbildung und branchenspezifische Erfahrung zunehmend auf Zurückhaltung in Bankgesprächen stoßen. Letztlich handelt es sich aus Bankensicht um einen der wesentlichsten Punkte zur Unternehmensbeurteilung. Dies macht auch Sinn, denn nur eine kompetente und gleichzeitig erfahrene Geschäftsleitung wird auch in Krisenzeiten in der Lage sein, ein Unternehmen erfolgreich zu führen. Die Rückbesinnung auf konservative Werte ist hier das Schlagwort. Lediglich die In-Aussicht-Stellung möglicher Erfolge u.ä., ohne konkreten Hintergrund, wird zunehmend an Bedeutung verlieren.
Möglicherweise spielen hier auch die Erfahrungen im Zusammenhang mit dem sogenannten „Neuen Markt" gegen Ende der `90 ziger Jahre eine besondere Rolle. Dort hat man junge

und oft unerfahrene Unternehmer gefördert, ohne die Basis-
daten zu hinterfragen, was oftmals mit der Insolvenz des Unternehmens endete und eine nachhaltige Bankenkrise nach sich
zog. Eine derartige Finanzpolitik soll und wird es in Zukunft aus
Bankensicht vor dem Hintergrund von Basel II nicht mehr
geben.

Sicherlich wird es trotz derartiger Absichtserklärungen auch
Ausnahmen geben, worauf man sich aber nicht verlassen
sollte. Diese werden nur punktuell erfolgen und auch nur dann,
wenn das Unternehmen oder der Unternehmer einen Bonus
genießt aufgrund besonderer Leistung in der Vergangenheit.

In diesem Zusammenhang wird auch die Frage bedeutsam, wie
die Unternehmensnachfolge geregelt ist. Diese sollte von Anfang an klar geregelt sein, wobei der Unternehmer einen
würdigen und fähigen Nachfolger präsentieren sollte. Hierfür
bedarf es einer Person, die von ihrer Persönlichkeit und ihren
Fähigkeiten geeignet ist, das Unternehmen erfolgreich fort-
zuführen. Eine solide, den zukünftigen Aufgaben gerecht
werdende Ausbildung sowie vertiefte Unternehmens- und Mit-
arbeiterkenntnisse bilden hierfür die Grundvoraussetzung.

Teilweise ist es aus Sicht der Banken wünschenswert, wenn
zunächst zwei oder drei Personen als Nachfolger ins Auge ge-

faßt werden, damit am Ende der vermeintlich Fähigste in die Verantwortung mit einbezogen werden kann, wobei ca. 60% der Banken immer auch ein Nachfolgerkonzept erwarten. Die Auswahl des Nachfolgers sollte dabei immer deutlich machen, daß persönliche Affinitäten keine oder nur eine geringe Rolle spielen und man sich vielmehr nur aus dem Gesichtspunkt des Firmenwohles entschieden hat oder entscheiden wird.

Aus Bankensicht zählt primär das Unternehmen und dessen Fortbestand. Ob und gegebenenfalls in welchem Umfang persönliche Beweggründe einfließen, hat nur sekundäre Bedeutung. Das beherrschende Prinzip bei der Frage der Unternehmensnachfolge kann somit mit dem Begriff der Weitsicht kurz und prägnant wiedergegeben werden. Die Unternehmensnachfolge ist für die Banken ein wesentlicher Baustein zur Beurteilung des Gesamtunternehmens, dem fundamentale Bedeutung beigemessen wird. In diesem Bereich bedarf es dabei frühzeitiger Überlegung und Einleitung der notwendigen Maßnahmen, um die möglichst nahtlose Fortführung zu gewährleisten - Weitsicht im allgemeinen Sinne. Es wird kaum möglich sein, innerhalb kürzester Zeit die für eine erfolgreiche Unternehmensnachfolge notwendigen Überlegungen durchzuführen und sodann in die Tat umzusetzen. Allein der Auswahlprozess bezüglich der fortführenden Person wird sich im Regelfall schwierig und zeitaufwendig gestalten. Zudem sollte auch bedacht werden, daß die Person, die man selbst als hinreichend geeignet ansieht, möglicherweise keinerlei Interesse an einer Nachfolge besitzt oder zunächst eine bestimmte Aus- oder Weiterbildung benötigt, um das Unternehmen auch leiten zu dürfen.

In diesem Zusammenhang zeigt sich, daß für die Banken wesentlich stärker Fakten im Vordergrund stehen werden - auch bei der Frage der Unternehmensnachfolge. Es versteht sich jedoch von selbst, daß der gewonnene persönliche Eindruck mit eine vorrangige Bedeutung in der Beziehung Bank – Kunde spielt. Ein positiver Eindruck rundet nicht nur das Gesamtbild ab, sondern unterstreicht es auch.

Zudem führen die Banken die Ermittlung eines SCHUFA-Scores des Geschäftsführers durch. Hierunter ist zu verstehen, daß seitens der Bank bei der SCHUFA konkret um Mitteilung des dort hinterlegten Scores nachgefragt wird. Anhand dieses Wertes kann sodann die Bank einen ersten Eindruck bezüglich der Bonität des Geschäftsführers gewinnen. Im Klartext bedeutet dies weitergehend, daß davon auszugehen ist, daß bei einer ungünstigen SCHUFA-Auskunft des Geschäftsführers

automatisch eine Abwertung des Unternehmensratings vorgenommen werden kann. Es sollte sicherlich nicht übereilt
davon ausgegangen werden, daß derartige Schlüsse immer
zwingend erfolgen müssen, da der Geschäftsführer immer getrennt von dem Unternehmen gesehen werden muß. Trotzdem
kann nicht von der Hand gewiesen werden, daß durchaus Fall-
konstellationen denkbar sind, wonach der Geschäftsführer
persönlich haftet. Ebenso kann auch davon ausgegangen
werden, daß aus Bankensicht Überlegungen auch dahingehend getroffen werden, ob und inwieweit der Geschäftsführer in schwierigen Zeiten ebenfalls in die Haftung genommen werden kann, beispielsweise durch private Bürg-
schaften etc. Ein solventer Geschäftsführer wird und kann in
einer derartigen Situation deutlich leichter, wirkungsvoller und
umfangreicher eine persönliche Mithaftung übernehmen als
jemand, der ohnehin selbst als finanziell schwach oder an-
geschlagen gilt.

Das Verfahren bei der SCHUFA bezüglich der Kreditwürdigkeit
des Geschäftsführers entspricht dem bei Privatpersonen. Dort
werden Personen hinsichtlich ihrer Kreditwürdigkeit mit
Punkten (0 - 1000) bewertet. Es handelt sich hierbei um ein
Rating/Scoring von Privatpersonen, das vom Grundsatz her
ähnlichen Prinzipien folgt wie dem bei Unternehmen.

Damit das anstehende Rating möglichst positiv ausfällt, sollte bereits zu einem möglichst frühen Zeitpunkt versucht werden, etwaige Änderungen oder Verbesserungen im Bereich der Unternehmensführung vorzunehmen, soweit dies nach zuvor erfolgter eingehender Analyse notwendig erscheint. Insbesondere vor dem Hintergrund, daß eine Rückschau über drei bis fünf Jahre bei der Bewertung stattfinden wird. Anhand kurzfristiger Maßnahmen ist oftmals eine solide Umstrukturierung und Verbesserung kaum möglich.

Hierauf wird es jedoch im Wesentlichen ankommen. Lediglich kurzfristige Veränderungen, die auf ihre Wirkung hin nicht eindeutig abschätzbar und somit bewertbar sind, werden kaum weiterhelfen. Möglicherweise wird dem Unternehmer eine derartige Vorgehensweise sogar negativ ausgelegt, indem darin lediglich Aktionismus vor dem Hintergrund des Ratings bzw. Scoring ohne hinreichende Substanz gesehen wird. Mithin empfiehlt es sich an diesem Punkt, nur mit äußerster Vorsicht und wohl durchdacht Veränderungen vorzunehmen.

d) Unternehmensstandort

Ebenso werden der Standort sowie die Standortqualität beurteilt werden. Diese äußeren Faktoren können zwar kaum beeinflußt werden, aber jeder Unternehmer sollte sich durchaus die Vorteile und Schwächen seines Standortes vor Augen führen. Hierbei bietet sich unter Umständen die Möglichkeit, bestehende Stärken auszubauen und Schwächen zu minimieren. Oftmals können bereits geringfügige Veränderungen helfen, um die eigene Weitsicht und das erforderliche Problembewußtsein gegenüber der Bank zu dokumentieren. Der Standort sollte im Hinblick auf die konkreten Unternehmensbedürfnisse untersucht und dargestellt werden. Dabei sollten einerseits die Vorteile klar und unmißverständlich herausgearbeitet werden. Andererseits sind Nachteile ebenso klar und unmißverständlich anzusprechen, wodurch dokumentiert werden kann, daß das Unternehmen mit dem nötigen Realismus an die Angelegenheit herangeht und letztlich nichts zu verschweigen hat. Der Eindruck, daß etwas verschwiegen wird, sollte auch hier vermieden werden.

Im Rahmen der Nachteilsdarlegung macht es durchaus Sinn und wird zunehmend positiv beurteilt werden, wenn Verbesserungsmöglichkeiten für die Zukunft angesprochen und dargestellt werden. Insoweit kann beispielsweise die Verkehrsanbindung, die Größe des Gebäudes oder die Expansionsmöglichkeiten angesprochen und gleichzeitig konkret Veränderungen dargelegt und nachvollziehbar erläutert werden.

Desweiteren bieten Standortveränderungen oder die Verteilung auf mehrere Standorte die Möglichkeit, für das Unternehmen positive Umstrukturierungen vorzunehmen. Diese können insbesondere darin bestehen, daß Arbeitsabläufe dezentralisiert auf verschiedene Standorte verteilt werden oder Standortvorteile für bestimmte Produktionsabläufe ebenso für Vertriebswege genutzt werden. Die sich eröffnenden Möglichkeiten sind vielfältig und im einzelnen zu durchdenken. Eine generalisierende Betrachtung oder gar Lösung wird es vermutlich nicht geben. Vielmehr wird es auf den Einzelfall ankommen. Die aus derartigen Anlysen resultierenden Ergebnisse sollten letztlich nicht unterschätzt werden, da sich oftmals Synergieeffekte ergeben können, deren Nutzung für das Unternehmen an sich und letztlich dann auch für das Rating/Scoring Bedeutung erlangt.

Diesbezüglich kann es auch hilfreich sein, mit Kunden oder Dritten über den eigenen Standort zu sprechen, wodurch hilfreiche Anregungen gemacht werden können. Nicht selten erscheint der eigene Standort dann in einem anderen Licht und führt zu einer selbstkritischen Auseinandersetzung.

Letztlich darf aber auch nicht vergessen werden, daß einige Unternehmen den Standort beispielsweise aus baurechtlichen oder schlichtweg aus Kostengründen u.ä. nicht wechseln können. Dies sollte auch gegenüber der Bank deutlich gemacht werden. Es wird immer einen positiven Niederschlag finden, wenn der Unternehmer, auch wenn der Standort geradezu ideal ist, seine Weitsicht und Kritikfähigkeit dadurch unter Beweis stellt, daß er sich auch mit der Standortfrage auseinandergesetzt hat.

e) Branchenentwicklung

Als weiterer wichtiger Punkt wird auch die Frage der Branchenentwicklung in das Rating/Scoring einfliessen. Hierbei geht es darum, Aussichten und Risiken der einzelnen Branche zu ermitteln und zu bewerten.

Obwohl dieser Punkt von wesentlicher Bedeutung ist, wird der einzelne Unternehmer kaum die Möglichkeit haben, aus Eigeninitiative heraus hier Veränderungen hin zu einem positiven Rating/Scoring zu bewirken. Trotzdem sollte man sich vor Augen führen, wie die eigene Branche bewertet wird und welche Konsequenzen dies für das eigene Firmenrating haben wird. Lediglich dann, wenn Stärken und Schwächen bereits frühzeitig als solche erkannt werden, besteht die Möglichkeit, gegebenenfalls Nutzen hieraus zu ziehen bzw. in dem Bewußtsein, wie die Einschätzung hier erfolgt, angemessen zu reagieren. Die Einbeziehung der Branchensituation birgt immer die Gefahr in sich, daß ein Unternehmen unverschuldet in eine Schublade gesteckt wird, aus der ein Entkommen nur schwerlich möglich ist. Soweit die Branchensituation besser als die des eigenen Unternehmens ist, so liegt hierin ein klarer Vorteil. In der umgekehrten Situation kann diese Vorgehensweise zu nachteiligen Auswirkungen führen, die als fatal bezeichnet werden können.

Dem einzelnen sollte demnach bewußt sein, welche Ausgangsbasis für das Rating/Scoring besteht, denn nur dann wird er in der Lage sein, die notwendigen Überlegungen anzustellen, um dieses bestmöglich zu durchlaufen. Es versteht sich von selbst, daß ein von Anfang an wegen seiner Branchenzugehörigkeit positiv geratetes Unternehmen andere Überlegungen und Maßnahmen ergreifen muß als derjenige mit einer wesentlich schlechteren Ausgangsbasis. Dabei sollte jedoch blinder Aktionismus oder gar Resignation vermieden werden. Die Branchenzugehörigkeit stellt letztlich nur einen von vielen Mosaiksteinen des Gesamtbildes dar. Sie sollte in seiner Bedeutung weder überschätzt noch unterschätzt werden, sondern vielmehr in einen angemessenen, seiner Bedeutung gerecht werdenden, Gesamtkontext gebracht werden.

f) Konjunkturabhängigkeit/Konkurrenzsituation

Die Faktoren Konjunkturabhängigkeit und Konkurrenzsituation haben ebenfalls erhebliche Bedeutung in Bezug auf das Rating/Scoring. Diese Punkte sollen im Rahmen der Bewertung eventuelle konjunkturbeeinflußte Ausfall- und Preisverfall-risiken erkennen und bewerten helfen. Obwohl es sich hier um vornehmlich äußere Faktoren handelt, wird der Unternehmer diesbezüglich Überlegungen anstellen müssen, ob er Ver-änderungen vornehmen kann, die ihn konjunturell unab-hängiger machen oder nahezu konkurrenzlos. Dies kann bei-spielsweise durch Kunden- oder Branchenwechsel in Teil-bereichen erreicht werden. Ein genereller Wechsel wird wohl kaum sofort möglich sein. Auch hier bedarf es einer gewissen Zeit zur Umsetzung eventueller Veränderungen.

Insbesondere die Konzentration auf eine konjunkturell sehr anfällige Branche wie die Baubranche wird zu einer schlechteren Bewertung führen. Demgegenüber wird bereits die frühzeitig erkennbare Tendenz, Branchenstreuung vorzu-nehmen, und wenn auch nur im geringen Maße, positiv be-wertet. Die Streuung im Bereich der Auftraggeber ist eine weitere Möglichkeit, das Rating/Scoring in Zukunft positiver zu gestalten. Durch die Abhängigkeit von einigen wenigen Kunden ist man von deren Marktmacht abhängig. Hierdurch lassen sich Preisvorstellungen oftmals nicht adäquat umsetzen, und bei Zahlungsausfall eines Kunden droht teilweise bereits Insolvenz. In diesem Zusammenhang versteht sich von selbst, daß Banken sich mögliche Insolvenzrisiken vergüten lassen wollen und somit hierin ein wesentlicher Ratingbestandteil zu sehen ist.

Auch an diesem Punkt dürfte der Grundsatz gelten, daß nicht hinreichend durchdachte Aktionen eher kontraproduktiv sind. Jeder Schritt sollte vorher wohl überlegt sein, denn Fehltritte können ungeahnte Auswirkungen auf das Unternehmen haben. Zudem dürfte es kaum Sinn machen zugunsten eines positiveren Ratings/Scorings hier Maßnahmen zu ergreifen, die an anderer Stelle nachteilig sind. Was man vorne aufbaut, sollte man hinten nicht umwerfen.

g) Leistungsspektrum/Marktposition

Als ein weiterer wesentlicher Faktor wird im Rahmen des Ratings/Scorings hinterfragt werden, ob das Leistungsangebot auch in absehbarer Zukunft konkurrenzfähig ist. Lediglich dann, wenn für die Banken erkennbar ist, daß ein Unternehmen mit dem derzeitigen Produktangebot auf dem Markt bestehen wird, ist eine positive Beurteilung zu erwarten. Dabei wird sowohl auf die Qualität als auch die Produktpalette an sich besonderes Augenmerk gelegt. Die Begründung hierfür liegt auf der Hand, denn aus Bankensicht kommt es wesentlich darauf an, ob und gegebenenfalls in welchem Zeitraum Kredite rückführbar sind. Bei einem Unternehmen, das augenscheinlich nur noch geringe Überlebenschancen hat und dessen Bestand den Zeitpunkt der möglichen vollständigen Kreditrückführung nicht erreicht, wird von vornherein negativer beurteilt werden, als wenn die Kreditrückführung auch in zeitlicher Hinsicht gesichert erscheint.

Somit wird es für den Unternehmer eine vordringliche Aufgabe sein, möglichst qualitativ hochwertige Produkte bzw. Dienstleistungen anzubieten. Ebenso spielen Faktoren wie Pünktlichkeit und Zuverlässigkeit eine gesteigerte Rolle, die einen wesentlichen Teil der Qualitätsbeurteilung ausmachen. Mithin stellt dieser Prüfungspunkt die Konkurrenzfähigkeit insgesamt auf den Prüfstand. Diese muß nicht nur für die Vergangenheit und in naher Zukunft gegeben sein sondern vielmehr auch auf lange Sicht hin. Ein auf mehrere Jahre angelegtes Bankenengagement wird immer daran gemessen werden, ob das Unternehmen auch bis zum voraussichtlichen Ende der beiderseitigen Geschäftsbeziehung existieren und seinen Zahlungsverpflichtungen nachkommen kann, wie hier nochmals ausdrücklich betont wird.

Die Konsequenz hieraus besteht darin, daß die Anbieter von Standardprodukten in Zukunft bei Bankenratings voraussichtlich schlechter abschneiden werden. Dies bedeutet im Umkehrschluß aber nicht die generelle Bevorteilung etwaiger Nischenprodukte. Auch diese werden ebenso wie Standardprodukte auf dem Prüfstand stehen. Es kommt auch hier auf den Einzelfall an.

Somit ist bereits eine frühzeitige Analyse dieser Punkte notwendig, um gegebenenfalls in naher Zukunft einen höheren Qualitätsstandard zu erreichen oder auch sogenannte Qualitätsprodukte anzubieten. Die Möglichkeit der Zertifizierung stellt dabei nur eine von vielen Möglichkeiten dar.

Damit jedoch gegenüber der Bank dokumentiert werden kann, welchen Qualitätsstandard sowie welche Marktposition das einzelne Unternehmen aufzuweisen hat, bedarf es auch hier bereits frühzeitiger Überlegung. Es wäre sicherlich als blauäugig anzusehen, wenn bei Beurteilung dieses Punktes die mündliche Auskunft des Unternehmers oder eine kurze schriftliche Aussage des Kunden ausreichen wird. Diesbezüglich werden die Geschäftsunterlagen und die Kundenbeziehungen konsequent von Seiten der Bank überprüft werden, wobei gut aufbereitete Unterlagen mit aussagekräftigen Daten sich als hilfreich erweisen können. Dies kann aber nur das Ergebnis eines längeren Dokumentations- und Erkenntnisverfahrens sein.

In diesem Zusammenhang werden voraussichtlich auch die einzelnen Verträge mit den Kunden überprüft und bewertet werden. Hierdurch lassen sich bessere Beurteilungen hinsichtlich der Kündigungsfristen, Haftungsrisiken oder des Investitionsbedarfs für die Zukunft ableiten.

Letztlich wird im Rahmen der Marktbeurteilung auch die Analyse der Abnehmer- und Lieferantenabhängigkeit nicht fehlen. Diesbezüglich wird das Hauptaugenmerk voraussichtlich auf die Frage ausgerichtet sein, wie solvent die einzelnen Abnehmer und Lieferanten sind und wie sich deren Ausfall durch Auftragsentzug oder Insolvenz für das Unternehmen auswirken könnte. Dabei gilt, daß eine breitere Streuung auch die Einzelrisiken minimiert und hierdurch das Rating/Scoring positiv beeinflußt. Nach der Einschätzung führender Wirtschaftsprüfungsunternehmen wird derjenige nicht bestehen, der seine Geschäftsbeziehungen lediglich auf ein bis zwei Partner konzentriert. Hierbei handelt es sich aber um eine grobe Richtschnur, die nicht schablonenhaft immer angewendet werden kann. Es darf nicht verkannt werden, daß es immer auf den Einzelfall ankommt und eine generalisierende Betrachtungsweise unzureichend ist. In einigen Geschäftsbereichen sind durchaus Konstellationen denkbar, wo eine breite Streuung sogar kontraproduktiv sein kann bzw. tatsächlich ist.

Auch bezüglich dieser Punkte bedarf es somit bereits frühzeitiger Überlegung, ob und gegebenenfalls in welcher Form es einer veränderten Unternehmensausrichtung bedarf und wie sie umgesetzt werden kann. Dies kann naturgemäß nicht in kurzen Zeiträumen vollzogen werden. Vielmehr bietet sich hier die stufenweise Veränderung, die oftmals mehrere Jahre in Anspruch nimmt, an. Soweit ein Unternehmen jedoch vorweisen kann, daß eine breitere Streuung und somit eine veränderte Unternehmensausrichtung konkret in Angriff genommen worden ist, so kann dies nach Ansicht einiger Bankenvertreter bereits eine positive Bewertung rechtfertigen.

Ebenso wird in diesem Zusammenhang auch auf die Frage, ob gravierende Veränderungen bei Kunden vorliegen, abgestellt (ca. 67%). Sowohl der Verlust als auch der Zugewinn einzelner Kunden wird zu überprüfen sein.

46

Die Kundenbeziehungen und deren Kontinuität stellen demnach ein weiteres Beurteilungskriterium dar, welches in seiner Bedeutung nicht unterschätzt werden sollte. Eine langjährige gefestigte Kundenbeziehung ist sowohl ein Qualitätskriterium des eigenen Produktes bzw. des eigenen Unternehmens als auch ein Gradmesser für die Qualität der Geschäftsbeziehungen an sich. Selbstverständlich kann jede Kundenbeziehung, mag sie auch noch so lang bestehen, binnen kürzester Zeit beendet werden. Trotzdem läßt sie den Schluß zu, daß zumindest eine Bindung besteht, die nur bei gravierenden Unstimmigkeiten gelöst werden wird.

Ferner bietet dieser Punkt auch die Möglichkeit, etwaige Tendenzen für die Zukunft abzulesen. So kann hinreichend deutlich festgestellt werden, ob Expansion, Stagnation oder Rückgang die Geschäfte in Zukunft zu erwarten sind. Dies sind wesentliche Punkte zur Ermittlung möglicher Risiken.

h) Tatsächliche wirtschaftliche Verhältnisse

Darüber hinaus wird für ein Rating/Scoring auch die Frage der wirtschaftlichen Verhältnisse eine wesentliche Rolle spielen. Anhand dieses Punktes allein wird zwar das Rating/Scoring nicht stehen und fallen, aber der Sinn und Zweck des Ratings bzw. Scorings besteht nunmal darin festzustellen, ob ein Unternehmen kreditwürdig ist und wenn ja in welchem Rahmen.

Damit eine möglichst umfassende und aussagekräftige Analyse der tatsächlichen wirtschaftlichen Verhältnisse erfolgen kann, wird neben der Unternehmensentwicklung seit dem letzten Jahresabschluß auch das Ergebnis der Bilanzauswertung eine entscheidende Rolle spielen. Im Hinblick auf diese Punkte muß eine deutlich positive oder zumindest positive Tendenz erkennbar sein. Lediglich dann kann der Unternehmer damit rechnen, daß auch in diesem Punkt eine neutrale bzw. positive Bewertung bezüglich des Ratings/Scorings erfolgt.

In der Praxis lassen sich die Banken Bilanzen der letzten drei bis fünf Jahre zur Auswertung vorlegen, was die Bedeutung auch dieses Punktes nochmals unterstreicht. Es wird hier nichts dem Zufall überlassen sondern versucht, ein durch Daten untermauertes Fundament zur Beurteilung und Entscheidungsfindung zugrunde zu legen. Somit wird es auch nicht ausreichen, lediglich ein gut verlaufenes Jahr vorweisen zu können, sondern es kommt auf die tatsächliche Schlagkraft eines Unternehmens an, die nachhaltig anhand der Bilanz manifestiert sein muß. Die Notwendigkeit einer rechtzeitigen Vorbereitung zeigt sich auch an dieser Stelle sehr deutlich.

i) Eigenkapitalquote/Gesamtrentabilität

Der Prüfungspunkt der wirtschaftlichen Verhältnisse im wie-testen Sinne umfaßt als Unterpunkt ebenfalls die Frage der Eigenkapitalquote und der Gesamtrentabilität eines Unter-nehmens. Soweit in diesen Punkten im Vergleich zum Branchendurchschnitt durch die Banken bessere Werte er-mittelt werden können, so kann das Rating/Scoring seinerseits erheblich aufgewertet werden. Vor allem in Branchen mit im Regelfall geringer oder nahezu gegen Null gehender Eigen-kapitalquote können bereits geringfügige Veränderungen ho-hen Nutzen erzielen. Insoweit sollte der Unternehmer in Zu-kunft überlegen, ob er nicht durch Investition in das eigene Unternehmen in den nächsten Jahren kontinuierlich seine Eigenkapitalquote erhöht. Dabei gilt nach Ansicht einiger Wirt-schaftsprüfer: Je geringer die derzeitige Ausgangsbasis, desto größer der Nutzen durch Investition für die Zukunft.

Hierbei spielt aber auch eine Rolle, wie gefestigt und werthaltig das Eigenkapital vorgehalten wird. Es wird kaum von Nutzen sein, wenn das Eigenkapital in Form leicht veräußerbarer

Werte besteht. Diesbezüglich liegt keine dauerhafte und somit sichere Verankerung im Unternehmen vor.

Aus Sicht der Geldgeber wäre es wünschenswert, wenn das Kapital beispielsweise in Form von Immobilien u.ä. im Unternehmen verankert wäre. Diese sind nicht auf die Schnelle zu veräußern, sind wertbeständig und für die Fortführung des Unternehmens notwendig.

j) Kostensenkung

Ebenso sollten bereits jetzt Überlegungen angestellt werden, wie durch Kostensenkung die Gesamtrentabilität verbessert werden kann, da dies von den Banken ebenfalls in ihre Überlegungen mit einbezogen werden wird. Es sollte nicht darüber hinweggesehen werden, daß Kostendämpfungsmaßnahmen oftmals erst nach Monaten oder Jahren greifen. Bereits kurzfristig greifende Maßnahmen sind eher der Ausnahmefall. Durch Umstrukturierung und Straffung im Personalbereich beispielsweise können oftmals bereits kurzfristige bzw. mittelfristige Erfolge durch Absenkung des Lohnniveaus, Abbau von Überkapazitäten oder der Verkleinerung des „Wasserkopfes" im Verwaltungsbereich erreicht werden. Dies muß vor allem vor dem Hintergrund gesehen werden, daß der Arbeitgeber nicht nur den Bruttolohn einspart, sondern auch die Lohnnebenkosten. Das Einsparungspotential ist somit deutlich größer als gemeinhin angenommen, so daß die Effekte hier notwendigerweise auch nachhaltiger sind als in anderen Bereichen.

Als weiteres Beispiel kann auch das „Outsourcing" einzelner Abteilungen oder Betriebsteile angesehen werden. Hierdurch eröffnen sich oftmals bislang nicht genutzte Kosteneinsparungspotentiale, die ebenso nachhaltig sind. Die Möglichkeit des „Outsourcing" wird im Regelfall deutlich überbewertet im Hinblick auf die Effekte und unterbewertet im Hinblick auf die Umsetzung, insbesondere die hiermit einhergehenden tatsächlichen und rechtlichen Schwierigkeiten.

Der Begriff der Gesamtrentabilität sollte aber nicht mit dem Begriff der Kostenreduktion gleichgesetzt oder verwechselt werden. Es bedarf zur Rentabilitätssteigerung nicht nur der Kostenminimierung sondern auch der Effektivitätssteigerung. Jeder einzelne Mitarbeiter oder jeder einzelne Tätigkeitsschritt ist auf seine Effektivität und mögliche Effizienzsteigerung hin zu überprüfen. In diesem Zusammenhang wird oftmals schlagwortartig von dem Verhältnis zwischen „Input" und „Output" gesprochen.

Die Gewichtung dieses Punktes von Seiten der Bank ist eher als untergeordnet zu bezeichnen. Selbstverständlich werden die Banken hier eine Überprüfung vornehmen. Diese wird aber nicht derart tiefgreifend erfolgen, wie es in anderen Bereichen der Fall ist. Vielmehr soll der hier gewonnene Eindruck das Gesamtbild abrunden. Dies kann sowohl negativ als auch positiv sein. Eine klare Aussage, welche Gewichtung konkret vorgenommen wird, kann derzeit noch nicht getroffen werden. Die Banken halten sich hier noch bedeckt und verweisen darauf, daß die Praxis letztlich zeigen muß, wie die Gewichtung erfolgen wird.

k) Krankenstand

Auch die Verringerung des Krankenstandes kann wesentliche Impulse freisetzen. Zum einen wird die Produktivität des Einzelnen erhöht und zugleich die Kosten, verursacht durch Lohnfortzahlung und Einsatz von Ersatzkräften, gesenkt. Damit jedoch dann, wenn es im Jahre 2006 im Rahmen des Ratings bzw. Scorings hierauf ankommt, auch die gewünschten positiven Effekte bereits gegriffen haben oder zumindest erkennbar sind, sollten so früh wie möglich Maßnahmen überlegt und stufenweise ergriffen werden. Für die Banken kann sich so bereits ein klareres und für die Zukunft besser einzuschätzendes Bild des Unternehmens ergeben.

Dabei sollte der Unternehmer sich aber eine Selbstüberprüfungspflicht hinsichtlich der Maßnahmen und Ihrer konkreten Effekte und deren Nutzen auferlegen. Lediglich dann kann gewährleistet werden, daß die ergriffenen Maßnahmen auch tatsächlich positiv auf die Unternehmensentwicklung durchschlagen. Solange nicht durch ständige Kontrolle der einzelnen Maßnahmen deren konkreter Nutzen überprüft wird, kann der Erfolg geschmälert werden oder gar ausbleiben. Teilweise bedarf es nur geringer Kurskorrekturen, damit die zunächst eingeschlagene Maßnahme auch tatsächlich zum Erfolg führt. Erfolg und Mißerfolg liegen hier buchstäblich dicht beieinander.

I) Vermögensverhältnisse/Obligoabsicherung

Letztlich darf im Bereich der wirtschaftlichen Verhältnisse nicht außer Betracht bleiben, daß auch die konkreten Vermögensverhältnisse und die Obligoabsicherung geratet/gescored werden. Diesbezüglich gilt naturgemäß der Grundsatz, daß eine höhere Kredit- bzw. Schuldenabdeckung durch das Vermögen anzustreben ist. Den Krediten sollte eine hinreichend hohe bzw. angemessene Deckung durch Eigenkapital u.ä.

gegenüber stehen. Hierdurch reduziert sich das Risiko der Bank, und die Erlangung von Krediten zu möglichst günstigen Konditionen ist wesentlich vereinfacht.

Der Unternehmer sollte jedoch realistisch davon ausgehen, daß erst dann ein postives Rating zu erwarten ist, wenn die Schulden durch das Vermögen über 125% bzw. das Obligo bis unter 75% abgesichert ist. Diese Tatsache dürfte nach Markteinschätzung bereits die Mehrheit der Kleinunternehmen und den sogenannten Mittelstand vor nahezu unlösbare Probleme stellen. Dennoch sollte trotz schlechten Ratings in diesem Bereich nicht vorschnell die Flinte ins Korn geworfen werden.

Den Bankberatern ist die mit diesem Punkt einhergehende Problematik durchaus bewußt, so daß Defizite in einem gewissen Rahmen wohlwollend betrachtet werden. Ebenso werden Veränderungen oder zumindest ernsthafte Versuche, Veränderungen herbeizuführen, durchweg positiv beurteilt. Es handelt sich hierbei somit um eine Schlüsselstelle, an der stetig mit höchster Anstrengung gearbeitet werden sollte.

m) Geschäftsbeziehung zur Bank

Als weiterer maßgeblicher Punkt für das Rating/Scoring ist auch die Frage der Dauer der Kundenbindung bei der Hausbank von wesentlicher Bedeutung. Hierbei gilt grundsätzlich, je länger die Bindung andauert, desto positiver fällt das Rating bzw. Scoring in diesem Punkt aus. Dabei wird ein positives Ergebnis nach Einschätzung der führenden Wirtschaftsprüfungsgesellschaften wohl erst bei einer Bindungsdauer von über drei Jahren zu erwarten sein. Die Begründung hierfür ergibt sich daraus, daß Bankentreue einerseits für Kontinuität spricht, das Unternehmen bereits längere Zeit beobachtet werden konnte und andererseits die Geschäftsleitung bekannt und in gewissem Maße einschätzbar ist. Dies sind nicht ganz unmaßgebliche Faktoren zur Beurteilung der Kreditwürdigkeit des einzelnen Unternehmens. Insbesondere das Vertrauensverhältnis zwischen Bankberater und Kunde sollte nicht unterschätzt werden. Oftmals sind Banken trotz schwacher Zahlen dazu bereit, aufgrund der guten persönlichen Beziehung und des langjährigen Vertrauensverhältnisses Kompromisse einzugehen.

Ein Anspruch darauf, daß die Banken wie zuvor dargestellt auch tatsächlich verfahren besteht nicht. Hier kommt es auf die Beurteilung des Kundenberaters oder des Kreditvergabegremiums an.

Darüber hinaus ist auch verständlich, daß die Banken ihre Geschäftspartner möglichst gut und genau einschätzen wollen.

Dies ist jedoch naturgemäß nur dann möglich, wenn beide Seiten sich bereits über einen längeren Zeitraum kennen.

Die Kreditvergabe wird durch Einführung der Basel II Richtlinien somit verstärkt auf dem Fundament einer langjährigen und verlässlichen Partnerschaft verankert werden. Ist dieses Fundament zu schwach oder überhaupt nicht vorhanden, wird sich die Krediterlangung in Zukunft wesentlich erschweren.

Damit wird deutlich, daß als Eckpfeiler für eine zukünftig erfolgreiche Zusammenarbeit aus Sicht der Banken eine Rückschau bezüglich der eigenen Geschäftsbeziehung vorgenommen wird. Diese wird rückblickend analysiert und bewertet. Mithin zeigt sich, daß bereits vor der Einführung/Umsetzung der Basel II Richtlinien der Unternehmer auch tiefgreifende Überlegungen hinsichtlich der Geschäftsbeziehung zu seiner Hausbank anstellen sollte. Etwaige Versäumnisse diesbezüglich könnten ansonsten dann, wenn es beim Rating bzw. Scoring konkret darauf ankommt, kaum wettgemacht werden.
Im Rahmen der Überprüfung dieses Punktes wird ebenfalls die Frage bedeutsam, wie die Zahlungsmoral des Unternehmens in der Vergangenheit ausgesehen hat. Soweit Zahlungen pünktlich und ohne Beanstandungen erfolgten, führt dies zu einem

positiven Rating/Scoring. Mithin sollte auch im Hinblick auf Basel II bereits möglichst früh darauf geachtet werden, daß dieser Punkt beanstandungsfrei ist. Hierdurch können Pluspunkte gesammelt werden, die am Ende wichtig sind.

Im Bereich der Zahlungsmoral wird auch die Frage des Mahnwesens bzw. der Überwachung der Zahlungseingänge thematisiert werden. Hierdurch kann die Bank erkennen, ob mit Zahlungsausfällen zu rechnen ist und wenn ja in welcher Form. Soweit keine regelmäßigen Zahlungseingänge vorhanden sind, besteht immer auch das Risiko, daß das Unternehmen mit eigenen Zahlungen mangels Liquidität ausfällt.

4. Zusammenfassung

Zusammenfassend läßt sich feststellen, daß im Rahmen des internen Bankenratings/-scorings zahlreiche Einflußfaktoren eine Rolle spielen. Dabei gilt es, bereits im Vorfeld diese zu erkennen und hinreichend zu analysieren. Lediglich bei rechtzeitiger und gewissenhafter „Vorbereitung" des Unternehmens auf die anstehenden Fragen und zu lösenden Probleme wird es auch in Zukunft möglich sein, die notwendigen Kredite zu akzeptablen Konditionen tatsächlich zu erhalten. Mithin muß zwingend bereits zum jetzigen Zeitpunkt über Konsequenzen im Umgang mit den gesetzten Anforderungen nachgedacht werden.

Ein Zuwarten bis zur geplanten Umsetzung von Basel II wird nach heutiger Einschätzung nachteilig sein. In diesem Zusammenhang muß auch berücksichtigt werden, dass die Einführung von Basel II und der damit verbundenen Veränderungen fließend abläuft und bereits zum heutigen Zeitpunkt in abgemildeter Form Anwendung findet. Eine abrupte Umsetzung der Kreditvergaberichtlinien wird es nicht geben.

Nachfolgend sind die einzelnen wesentlichen Prüfungspunkte nebst Bedeutung hierfür im Zusammenhang mit der Kreditvergabe in Zukunft kurz aufgelistet:

Kriterien ./. Gewichtung

Bonitätsprüfung	Sehr wichtig
Rechtsform des Unternehmens	Wichtig bis sehr wichtig
Qualität der Unternehmensleitung	Sehr wichtig
Unternehmensstandort	Wichtig bis weniger wichtig
Branchenentwicklung	Sehr wichtig
Konjunkturabhängigkeit/Konkurrenzsituation	Wichtig bis sehr wichtig
Leistungsspektrum/Marktsituation	Wichtig bis weniger wichtig
Tatsächliche wirtschaftliche Verhältnisse	Sehr wichtig
Eigenkapitalquote/Gesamtrentabilität	Sehr wichtig
Kostensenkung	Wichtig bis weniger wichtig
Krankenstand	Wichtig bis weniger wichtig
Vermögensverhältnisse/Obligoabsicherung	Wichtig
Geschäftsbeziehung zur Bank	Sehr wichtig

5. Ratingkategorien

Die einzelnen Ratingkategorien sowie die hieraus erwachsenden Konsequenzen werden üblicherweise wie folgt zugeordnet:

Agentur-schlüssel	Numerische Stufenmethode	Bonitätsaussage	Individueller Unterlegungs-satz
AAA	1	Sehr gut: höchste Bonität	20%
AA+ AA AA-	2	Sehr gut bis gut: hohe Bonität	20%
A+ A A-	3	Gut bis befriedigend: Ausgeprägte Fähigkeit zu Tilgung und Zins-zahlung	50%
BBB+ BBB BBB-	4	Befriedigend: angemessene Fähigkeit zu Tilgung und Zins-zahlung	100%
BB+ BB BB-	5	Ausreichend: wahrscheinlich in der Lage, Tilgung und Zinszahlung zu leisten	100%
B+ B B-	6	Mangelhaft: hohes Ausfallrisiko	150%
CCC CC	7	Ungenügend: akutes Ausfallrisiko	150%
DD D	8	Zahlungsunfähig: in Zahlungs-verzug	150%

In diesem Zusammenhang darf nicht unerwähnt bleiben, daß ab einem Agenturschlüssel CCC und schlechter keine

Kreditvergabe mehr erfolgt. Das Ausfallrisiko ist in dieser Risikoklasse kaum mehr abschätzbar und wird in Zukunft nicht mehr eingegangen werden.

Durch externe Ratingagenturen haben sich bereits einige namhafte Unternehmen dem Ratingprozeß unterzogen. Die Anzahl der gerateten Unternehmen beläuft sich auf ca. 1000, was auf den ersten Blick als durchaus hohe Zahl erscheint. In Anbetracht der Vielzahl aller Unternehmen in Deutschland dürfte es sich hierbei wohl nahezu ausschließlich um Großkonzerne handeln und weniger um den breiten Mittelstand, der von den anstehenden Neuerungen am nachhaltigsten betroffen sein wird.

An dieser Stelle wird auch die Problematik deutlich, daß mit an Sicherheit grenzender Wahrscheinlichkeit nicht alle Unternehmen, die sich einem externen Rating unterziehen wollen, dies auch rechtzeitig abgewickelt haben werden. Die bestehenden Ratingagenturen können aufgrund ihrer bestehenden Personalstärke und dem nicht unerheblichen Zeitaufwand zur Durchführung des Ratings bereits rein tatsächlich nicht in der Lage sein, flächendeckend Unternehmen zu raten/scoren. Der sogenannte Mittelstand umfaßt allein ca. 3,3 Mio. Unternehmen. Der zeitliche Rahmen wird somit voraussichtlich nicht ausreichen.

Die nachfolgende Übersicht stellt einzelne Unternehmen nebst Ratingkategorie dar:

Ratingschlüssel	Unternehmensbezeichnung
AAA	BRD Treuhandanstalt
AA+	Deutsche Bank Hannover - Rückversicherung
AA	Dresdner Bank HUK - Coburg
AA-	Deutsche Telekom Commerzbank
A+	Daimler Chrysler Volkswagen
A	DEVK - Versicherung
A-	Adolf Würth GmbH & Co KG

IV. Konsequenzen

Bisher wurde sich einerseits mit der Frage auseinandergesetzt, was Rating/Scoring beinhaltet und wie dies ablaufen wird. Andererseits wurde sich auch mit der Analyse der Beurteilungspunkte konkret auseinandergesetzt. Im folgenden soll nunmehr die Frage im Vordergrund stehen, welche Konsequenzen aus einer möglichst umfassenden Analyse resultieren können.

1. Unternehmensrating

Der Unternehmer sollte, wie bereits ausgeführt, frühzeitig sein eigenes Unternehmensrating vornehmen, um sodann hierauf aufbauend zu entscheiden, welche Maßnahmen notwendig sind, um das bevorstehende Bankenrating zu verbessern oder den bereits erreichten Standard zu sichern. Diese Form der Standortbestimmung ist letztlich immer anzuraten, um böse Überraschungen im Bankenrating zu vermeiden, die zu nicht mehr zu korrigierenden Nachteilen führen könnten. Zur Durchführung des Ratings/Scorings besteht die Möglichkeit, einen Steuerberater, Wirtschaftsprüfer oder eine Beratungsgesellschaft hinzu zu ziehen. Hiervon sollte auch Gebrauch gemacht werden, da diese in der Lage sind, objektive und verläßliche Ergebnisse zutage zu fördern. Sodann kann sozusagen ein „eigenes Rating" vorgenommen werden.

Daneben kann selbstverständlich auch eine externe Ratingagentur beauftragt werden, was im Regelfall mit nicht unerheblichen Kosten verbunden ist. Ebenso wird ein externes Rating/Scoring immer einen Zeitraum von mehreren Monaten

in Anspruch nehmen, da es, auch wenn es nur der Standortbestimmung dienen soll, ebenso umfangreich erstellt wird wie im
Zusammenhang mit dem Bankenrating.

Im Regelfall bedarf es nach der Beauftragung der jeweiligen
Ratingagentur ca. zwei bis vier Wochen, um das notwendige
Projektteam zu bilden. Im Anschluß hieran vergehen sodann
weitere zwei bis drei Monate für die Sichtung der ent-
scheidungserheblichen Unterlagen. Nachdem die vorgenannten Punkte abgearbeitet sind, werden dann etwa vier bis
fünf Wochen zur Beratung innerhalb des Projektteams und im
Dialog mit dem Management/Firmenleitung benötigt.

Hieran schließt sich dann die Eingruppierung unmittelbar an,
womit dann das Rating/Scoring abgeschlossen ist. Der hier
skizzierte zeitliche Rahmen ist aber nur als grober Anhalts-
punkt zu werten. Im Vorfeld kann nur schwerlich abgeschätzt
werden, welchen Umfang das Rating in zeitlicher Hinsicht erfordert. Aufgrund der Vielzahl der Einflußfaktoren sind genauere
Prognosen nicht möglich.

2. Stärken/Schwächen-Analyse

Nach erfolgter Unternehmensanalyse ist sodann in einem
weiteren Schritt zu überlegen, wie Schwächen, ohne daß bestehende Stärken wesentlich beeinträchtigt werden, ausge-

merzt werden können. Hierbei sollte die Erreichung eines dauerhaften Erfolges angestrebt werden, der letztlich die Kontinuität und Verläßlichkeit des Unternehmens als Geschäftspartner gegenüber der Bank dokumentiert, worauf es im wesentlichen ankommen wird. Lediglich kurzfristige Veränderungen werden wohl kaum eine nachhaltige Verbesserung der Situation bewirken. Aus Sicht der Banken wird das Hauptaugenmerk darauf gerichtet werden, ob für die voraussichtliche Dauer der Zusammenarbeit, beispielsweise bis zur vollständigen Rückzahlung eines Kredites, mit einer stabilen Geschäftsbeziehung zu rechnen ist.

Die erforderliche Stabilität kann nur dann entsprechend dokumentiert und gewährleistet werden, wenn Maßnahmen ergriffen werden, die nachhaltigen und für die Dauer der Geschäftsbeziehung positiven Einfluß auf die Unternehmenssituation haben.

Ebenso sollte versucht werden, erkannte Stärken zu optimieren. Hierdurch kann die Marktposition gestärkt und ein wesentlicher Beitrag zur Unternehmenskontinuität erbracht werden. Zu beachten ist auch, daß größtmögliche Transparenz und offene Kommunikation im Verhältnis zwischen Bank und Kunde angestrebt werden sollte. Der Bank sind alle entscheidungsrelevanten Informationen offen darzulegen, da bei Nichtvorlage im Zweifelsfalle von der ungünstigsten Information ausgegangen wird. Zudem stellen Sparkassen und Genossenschaftsbanken Umfrageergebnissen zur Folge stärker auf das gegenseitige Feedback (ca. 93%) ab.

Die oftmals bestehenden Berührungsängste müssen überwunden werden. Aus Sicht der Banken wird ein selbstbewußtes und offenes Gegenübertreten im Rahmen eines Bankgespräches begrüßt und auch erwartet. Dabei ist insbesondere auch besonderer Wert auf das Auftreten des Unternehmers an sich zu legen. Der äußere Eindruck, sowie die Vermittlung eigener Kompetenz steht dabei klar im Vordergrund.

Es versteht sich von selbst, daß eine gepflegte Geschäftsbeziehung somit einen wesentlichen Beitrag für den Erfolg darstellen wird. Dabei muß sich aber auch vor Augen geführt werden, daß eine gute Geschäftsbeziehung nicht binnen kürzester Zeit erreicht werden kann. Es bedarf einer mittelfristigen oder besser noch langfristigen Planung und eines behutsamen Aufbaues dieser Beziehungen. Eine kurzfristig intensivierte Beziehung trägt immer einen leicht faden Beigeschmack in sich. Den Kundenberatern der Banken wird sehr schnell bewußt, daß ein Unternehmen offensichtlich mit

Hintergedanken den Kontakt zur Bank sucht, wenn zuvor über Jahre hinweg keine enge Beziehung bestanden hat. Die Beziehungspflege zur Bank muß demnach ein wesentlicher Bestandteil zur Bewältigung der im Rahmen von Basel II auftretenden Anforderungen sein.

3. Controlling

Letztlich ist aus Sicht der führenden Wirtschaftsprüfungs-/ und Beratungsunternehmen besonderes Augenmerk auf die Bereiche des Finanzcontrollings und des Personalcontrollings zu werfen, was sich auch direkt an Umfrageergebnissen ablesen läßt (87%).

Unter den Begriff des Finanzcontrollings wird im allgemeinen das Rechnungswesen gefaßt. Dies umfaßt neben der Ermittlung der Einnahmen-/ Ausgabensituation auch den Bereich der Kostenrechnung. Ein gutes Finanzcontrolling zeichnet sich somit durch möglichst genaue und umfassende Ermittlung der Kostensituation des Unternehmens insgesamt und der einzelnen Teilbereiche aus, wobei die Ertragsseite nebst Liquidität diesem klar gegenübergestellt werden. Hierdurch kann eine bessere Preiskalkulation gewährleistet und die Rentabilität des Unternehmens jederzeit überprüft werden. Dies ist im Ergebnis auch die Zielrichtung der Banken. Sie wollen als Außenstehende klar und umfassend mit allen finanztechnisch relevanten Daten und Informationen versorgt werden. Nur auf diese Weise kann die Bank den in Bezug auf das Rating bzw. Scoring gesetzten Anforderungen hinreichend gerecht werden.

Unter dem Begriff des „Personalcontrollings" faßt man ebenfalls die Ermittlung spezifischer Kennzahlen, wobei diese auf Personalangelegenheiten beschränkt sind, zusammen. Im Rahmen des Personalcontrollings wird versucht, durch Wertermittlung die Personalsituation genauer einzuschätzen und letztlich auch zu beurteilen. So werden beispielsweise der Krankenstand und die hierdurch entstehenden direkten und indirekten Kosten ermittelt. Ebenso werden Gehälter und Löhne vergleichbarer Mitarbeiter und deren Produktivität ermittelt und verglichen. Anhand dieser Vorgehensweise können Defizite aufgedeckt und weitere Einsparungs- und Optimierungspotentiale genutzt werden.

Die ermittelten Kennzahlen helfen somit, effektive Personalentscheidungen zu treffen. Nur dann, wenn auch im Bereich des Personalwesens in vorbezeichneter Art und Weise vorgegangen wird, besteht die Möglichkeit, tatsächlichen Nutzen aus den einzelnen Personalentscheidungen zu ziehen. Ansonsten läuft man Gefahr, daß die ergriffenen Maßnahmen ins Leere gehen und wohlmöglich nur unnötig Kosten produzieren.

In diesem Zusammenhang ist zur Verdeutlichung der Gesamtbedeutung dieses Bereiches zu beachten, daß der Kostenblock des Personals oftmals den wesentlichsten oder zumindest einen der wesentlichsten Kostenblöcke darstellt. Zudem können Fehlentscheidungen in diesem Bereich zu kaum mehr korrigierbaren Tatsachen für die Zukunft führen. So ist eine einmal definierte Lohn - oder Gehaltshöhe auch für die Zukunft bindend und nur schwerlich zu korrigieren. Dies gilt ebenso für die Frage der Anzahl der Urlaubstage oder der Höhe des Weihnachtsgeldes.

Darüber hinaus ist auch denkbar, daß Mitarbeiter, die unterdurchschnittlich bezahlt werden, durch fehlende Motivation nicht derart produktiv sind, wie es von Nöten wäre. Eine adäquate Lohn- oder Gehaltserhöhung könnte hier den notwendigen Anreiz zu mehr Produktivität setzen.

4. Zusammenfassung

Die Vorbereitung auf das bevorstehende Rating/Scoring erfordert demnach insbesondere im Personal-/ und Finanzbereich eingehende Analysen und Überlegungen. Dies ist nach dem derzeitigen Kenntnisstand der Banken in der Vergangenheit, zumindest in kleineren und mittleren Betrieben oftmals vernachlässigt worden. Aus diesem Grunde ist diesem Punkt besondere Aufmerksamkeit zu schenken, woraus naturgemäß erheblicher Handlungsbedarf für die Zukunft resultieren dürfte.

Dabei darf aber nicht übersehen werden, daß es vorliegend professioneller Hilfe zur Bewältigung der Aufgaben und Probleme in diesem Zusammenhang bedarf. Lediglich ein erfahrener Betriebswirt oder Jurist kann die notwendige fachliche Kompetenz dazu beitragen, daß im Zusammenspiel mit dem Unternehmer aussagekräftige Analysen gefertigt und die sinnvollen bzw. auch tatsächlich umsetzbaren Maßnahmen besprochen und ergriffen werden.

Bereits aus der Bedeutung heraus kann und darf hier nichts dem Zufall überlassen werden. Letztlich geht es um den Fortbestand des Unternehmens.

Gerade im Falle der Umstrukturierung kann es zu folgenschweren Fehlern kommen, die den erstrebten Zweck ins Gegenteil verkehren können. Dies kann sich daraus ergeben, daß eine Maßnahme zwar zunächst greift und die gewünschten Effekte auch eintreten, diese Effekte aber Nebeneffekte hervorrufen, die ihrerseits negativ sind. So reduziert eine Lohnkürzung die Personalkosten durchaus effektiv. Wenn aber sodann als Begleiterscheinung mangels Motivation die Produktivität sinkt oder der Krankenstand steigt, so führt die ursprüngliche Maßnahme zum gegenteiligen Effekt.

In diesem Zusammenhang erscheint es auch sinnvoll, sich von subjektiven Vorstellungen freizumachen und allein eine möglichst objektive Bewertung der Situation sowie der zu ergreifenden Maßnahmen in den Vordergrund zu stellen. Dies ist naturgemäß Dritten, die nicht in persönlicher Beziehung zum Unternehmen, dessen Inhaber oder Geschäftsführer stehen, eher möglich. Der Einfluß subjektiver Faktoren führt im Regelfall dazu, daß Maßnahmen nicht ausschließlich rational begründet werden, sondern immer auch durch nicht unerhebliche emotionale Einflüsse mitbestimmt werden.

Darüber hinaus sollte der Unternehmer nicht vor etwaigen Kosten für derartige Maßnahmen zurückschrecken. Oftmals sind dies Investitionen, die sich in absehbarer Zukunft schnell amortisieren. Die durch das Rating/Scoring gewonnenen Ergebnisse können wesentlich zur Verbesserung der Unternehmenssituation und letztlich auch zur Profitsteigerung beitragen. Ebenso muß jedem Unternehmer bewußt sein, daß derartige Schritte notwendig sind, und zwar nicht nur für den

Unternehmenserfolg, sondern auch für den dauerhaften Unternehmensfortbestand. Allein aus diesem Bewußtsein heraus muß jedem Unternehmer deren existentielle Bedeutung klar werden.

Durch die neu gewonnenen Erkenntnisse kann ein Unternehmen seine Geschäftstätigkeit sehr viel genauer einschätzen und für die Zukunft ausrichten. Die oftmals betriebene Methode des „try and error" gehört dann der Vergangenheit an.

V. Lösungsansätze

1. Finanzcontrolling

Im Folgenden soll auf das Finanzcontrolling detailliert eingegangen werden. Dabei geht es darum, lediglich ein gewisses Grundverständnis zu vermitteln. Die Darstellung aller Eventualitäten ist hier nicht möglich und letztlich auch nicht gewollt. Zum Verständnis der einzelnen Zusammenhänge des Ratings/Scorings, was hier bezweckt wird, bedarf es jedoch eines Basiswissens auch in diesem Bereich.

Controlling ist ein wichtiges Teilsystem des Gesamtmanagements und dient als Steuerungselement der Unternehmensführung. Es wirkt somit unterstützend, da der Unternehmer einzelne Unternehmensbereiche besser einschätzen und daraufhin Veränderungen vornehmen kann.

Controlling hat die Aufgabe, Planung, Steuerung, Kontrolle und Informationsbereitstellung zu koordinieren und damit die Unternehmensleitung zu unterstützen.

Die wesentlichsten Instrumente des Controllings sind Kennzahlen oder Kennzahlensysteme. Hierunter versteht man unter anderem, daß anhand spezifischer Bewertungsformeln Zahlenwerte (Kennzahlen) ermittelt und sodann in Relation zueinander gebracht werden.

a) Kostenrechnung

Der wesentliche Bestandteil des Finanzcontrollings ist der Bereich der Kostenrechnung. Hierbei wird üblicherweise zwischen Teil- und Vollkostenrechnung differenziert.

Im Hinblick auf Basel II wird es voraussichtlich nicht darauf ankommen, welche Form der Kostenrechnung der einzelne Betrieb wählt. Die eigentliche Relevanz dieses Punktes besteht letztlich darin, aussagekräftige Zahlen zur Ermittlung der Kosten als Entscheidungsgrundlage zur Verfügung zu haben. Nur durch möglichst genaue Werte ist es sodann möglich, die jeweilige Kostensituation des potentiellen Kreditnehmers von Seiten der Bank abzuschätzen. Hierdurch wird die Bank erst in die Lage versetzt, sich überhaupt Gedanken hinsichtlich ihres möglichen Engagements machen zu können.

Darüber hinaus besteht für die Bank durch Zahlenvergleich die Möglichkeit, einzelne Unternehmen branchenintern oder auch branchenübergreifend mit Blick auf die jeweiligen Kosten zu vergleichen. Vor allem diese Vergleichsmöglichkeit hilft den Banken, eine verlässliche Bonitätseinschätzung vorzunehmen.

Man darf in diesem Zusammenhang jedoch nicht verkennen, daß die Frage, ob überhaupt und wenn ja in welchem Umfang Kostenrechnung erfolgen sollte oder muß, kein Selbstzweck ist. Dem Unternehmer eröffnet sich hierdurch die Möglichkeit, sein Unternehmen verlässlich einzuschätzen und hieraus ge- gebenenfalls Konsequenzen im Hinblick auf seine weitere Vor- gehensweise zu ziehen. Bei Einsparungen auf der Kostenseite steigt die Rentabilität automatisch und führt zu einem besseren Unternehmensergebnis.

Die oftmals propagierte Aussage, daß die Auftraggeber schlecht zahlen würden und daher das Unternehmensergebnis negativ ausfällt, sollte dann der Vergangenheit angehören. Allein durch gut organisierte und möglichst genaue Kostenrechnung wird dem Unternehmer das notwendige Handwerkszeug zur Verbesserung des Unternehmensergebnisses an die Hand gegeben. Er wird hierdurch erst in die Lage versetzt, etwaige Mißstände im Unternehmen aufzudecken, die er sodann in Angriff nehmen kann.

Bereits aus diesem Grunde legen die Banken besonderen Wert auf verlässliche Zahlen, die einer nachvollziehbaren Kostenrechnung entspringen. Für einen geschulten Bankkaufmann ist es relativ leicht zu überprüfen, ob die vorgelegten Zahlen seriös sind oder lediglich auf Vermutungen und Schätzungen basieren. An diesem Punkt der Überprüfung wird sich voraussichtlich in vielen Fällen entscheiden, ob die Angelegenheit positiv oder negativ für das Unternehmen verlaufen wird. Bei nicht konkret nachvollziehbaren Zahlen wird schnell eine negative Grundhaltung auf Seiten der Bank erzeugt.

b) Nutzenrechnung

Neben der Kostenrechnung bedarf es auch der Nutzenrechnung. Diese befaßt sich im Wesentlichen mit der Frage, welchen konkreten Nutzen das Unternehmen aus seiner Geschäftstätigkeit zieht. Dies erfolgt im Regelfall durch die sogenannte Nutzen-/Kostenrechnung, bei der die Kosten in Relation zum Nutzen und umgekehrt gesetzt werden. Sowohl die

Kostenrechnung als auch die Nutzenrechnung stehen miteinander in Relation.

Anhand der so gewonnenen Zahlen wird die Bank in die Lage versetzt, eine klare Einschätzung der Finanzsituation eines Unternehmens vorzunehmen. Neben den Kosten ist es auch von Bedeutung, welchen Nutzen man aus diesen Aufwendungen tatsächlich zieht, damit die Rentabilität ermittelt werden kann. Soweit die aufgewandten Kosten außer Verhältnis zu dem erzielten Nutzen stehen, bedarf es der Überprüfung, ob Umstrukturierungen bzw. Veränderungen hier das Unternehmensergebnis positiv beeinflussen können. In einem derartigen Falle liegt eine Schieflage des Unternehmens vor, die über einen längeren Zeitraum anhaltend existenzbedrohend sein kann.

Bereits durch frühzeitige Analyse und Zahlengewinnung in diesen Bereichen hat der Unternehmer die Möglichkeit, in Ruhe zu überlegen, ob die Finanzsituation verbesserungswürdig ist und wie etwaige Verbesserungen umgesetzt bzw. erreicht werden können. Oftmals können sodann Maßnahmen ergriffen werden, die bis zum Tag X, an dem das Rating/Scoring erfolgt, bereits Auswirkungen gezeigt haben. In der Theorie ist es immer leicht zu sagen, daß eine finanzielle Schieflage vorliegt, da die Kosten den Nutzen überwiegen, und es nachhaltiger Veränderungen bedarf. In der Praxis ist die Umsetzung jedoch oftmals schwierig. Dies kann seine Ursache in bestehenden Kundenbeziehungen, der Personalstruktur oder den Arbeitsabläufen haben, um nur einige Beispiele zu nennen. Aus diesen Gründen dürfte es einleuchtend sein, daß Veränderungen nicht kurzfristig sondern nur langfristig und dies nur nach reiflicher Überlegung sinnvoll und möglich sind. Der Faktor Zeit spielt auch hier eine wichtige Rolle.

Letztlich sollte auch nicht verkannt werden, daß die vorbezeichnete Vorgehensweise der Bank auch den Eindruck vermittelt, daß der Unternehmer sich mit der Unternehmenssituation auseinander setzt und hierüber bis ins Detail informiert ist. Dies sind Faktoren, die von den Banken mitbewertet werden und wesentlich zur Abrundung des Unternehmereindrucks beitragen.

Damit bei der Wertermittlung verwertbare Zahlen zutage gefördert und die hieraus notwendigen Schlüsse gezogen werden, bedarf es grundsätzlich professioneller Hilfe. Nur durch Hinzuziehung eines Steuerberaters, Wirtschaftsprüfers oder Unternehmensberaters kann etwaiger Erfolg gewährleistet werden, wie bereits erwähnt wurde.

Der Kostenfaktor hierfür darf nicht unterschätzt werden. Die hierbei anfallenden Kosten weisen aber einen hohen Nutzwert und sind für die Zukunft überlebensnotwendig. Sollten hier Einsparungsmaßnahmen ergriffen werden oder man sich vor den Kosten grundsätzlich scheuen, so wird letztlich am falschen Ende gespart. Das Bestehen des Unternehmens nach Einführung von Basel II wird hiervon maßgeblich abhängen.

Nach Abschluß dieser Tätigkeiten wird es dann auf die Erstellung eines Unternehmensplanes für die Zukunft auf Basis der im Rahmen des Finanzcontrollings gewonnenen Erkenntnisse ankommen.

2. Unternehmensplan für die Zukunft

Auch die Erstellung eines Unternehmensplanes für die Zukunft bedarf professioneller Hilfe. Der Unternehmer wird selbst nur schwerlich in der Lage sein, die hierfür notwendigen Punkte vollumfänglich zu beachten und ihrer Bedeutung entsprechend zu gewichten. Für ein erfolgreiches Bankgespräch ist dies jedoch unumgänglich. Aus diesem Grunde sollte man sich zur

Erarbeitung des Unternehmensplanes professioneller Hilfe bedienen.

a) Konzepte

Der Unternehmensplan sollte Konzepte für die Zukunft aufzeigen. Hierbei bedarf es sowohl der Erarbeitung kurzfristiger, mittelfristiger und langfristiger Konzepte.

Diese müssen deutlich machen, daß sie auf den neu gewonnenen Analysedaten basieren und als Konsequenz hieraus zu sehen sind. Es müssen klar definierte Ziele sowie die einzelnen Schritte auf dem Weg zum erstrebten Erfolg erkennbar sein. Dabei ist sich daran zu orientieren, daß jede Maßnahme zur Errreichung des Zieles logisch nachvollziehbar ist. Unklarheiten oder Ungenauigkeiten trüben nicht nur den Gesamteindruck, sie zeigen auch, daß die notwendige tiefgreifende Auseinandersetzung mit den einzelnen Punkten durch das Unternehmen nicht erfolgt ist.

Nur dann, wenn klare Konzeptionen, die auch realistisch umsetzbar sind, von der Bank im Unternehmensplan als solche zu erkennen sind, wird das Unternehmen bei Umsetzung von Basel II hiervon profitieren.

Bei der Erarbeitung des Unternehmensplanes sollte ebenfalls kompetente Hilfe in Anspruch genommen werden. Hierdurch kann in objektiver Art und Weise ein Plan erstellt werden, der wirtschaftlich sinnvoll und auch umsetzbar ist. Es reicht nicht aus, Ideen zu Papier zu bringen, die am Ende an der praktischen Umsetzung scheitern werden. Vor allem aus Sicht der Banken ist es notwendig und auch geboten, daß die Umsetzung nicht nur theoretisch sondern auch praktisch möglich ist. Insbesondere sollte hier die positive Wirkung eines kompetenten und erfahrenen Geschäftspartners/Beraters nicht unterbewertet werden.

Darüber hinaus sollte auch nicht die Tatsache unterschätzt werden, daß der Unternehmensplan klar verständlich, übersichtlich und auf das Wesentliche beschränkt sein sollte. Der erste Eindruck ist auch hier maßgeblich. Zudem darf nicht vergessen werden, daß der Kreditsachbearbeiter anhand des ihm an die Hand gegebenen Planes eine Einschätzung vornehmen muß, wobei ihm ein gut strukturierter und damit leicht verständlicher Plan hilft, sich entsprechend zurecht zu finden.

Vielfach empfinden Banken es als hilfreich, wenn neben einer ausführlichen Darstellung auch eine kurze, auf die wesentlichen Punkte beschränkte Darstellung existiert, die einen groben Überblick liefert und bankintern als

Diskussionsgrundlage dienen kann. Hierbei handelt es sich um eine Kurzform des Unternehmensplanes.

Oftmals stellt sich für kleinere Unternehmen die Frage, warum ein Konzept überhaupt erstellt werden soll. Die Anzahl der Kunden ist gering und variiert möglicherweise seit Jahren nicht sonderlich. Trotzdem ist es aus Sicht der Banken von wesentlicher Bedeutung zu erkennen, ob der Unternehmer sich eingehend mit der bestehenden Unternehmenssituation auch im Hinblick auf die Zukunft auseinandergesetzt hat. Dies bietet allen Beteiligten die Möglichkeit, anhand der gewonnenen Analysedaten die notwendigen Konsequenzen zur Optimierung der Geschäftstätigkeit und der Geschäftsabläufe zu ziehen. Ebenso lassen sich nur durch derartige Analysen verlässliche Prognosen für die Zukunft erstellen, was im Hinblick auf Basel II zwingend notwendig ist.

Im Rahmen der Konzepterstellung sind die einzelnen Tätigkeitsfelder des Unternehmens zu durchleuchten und entsprechend zu überdenken.

b) Tätigkeitsfelder

Der zu erstellende Unternehmensplan hat auch Aussagen zu den einzelnen Tätigkeitsfeldern des Unternehmens zu enthalten, die mit „Kunden- und Marktsegmentierung" bezeichnet werden. Erstrebtes Ziel sollte der Prozess der Strategieformulierung sein.

Hierbei bedarf es der Differenzierung zwischen bisherigen und zukünftigen Tätigkeitsfeldern. Die bisherigen Tätigkeitsfelder sind ausführlich darzustellen und zu erläutern. Dabei sollte auch zumindest eine kurze Begründung für die Unternehmensausrichtung gegeben werden, damit der Bank deutlich gemacht wird, warum das Unternehmen in der vorliegenden Art und Weise am Markt agiert hat bzw. noch immer agiert.

Sodann sollte klar und verständlich aufgezeigt werden, welchen Tätigkeitsfeldern sich in Zukunft gewidmet wird. Dabei kommt es im Wesentlichen auch auf die jeweilige Begründung an. Diese sollte erkennen lassen, daß man sich mit den insgesamt gewonnenen Daten kritisch auseinander gesetzt und hieraus Schlüsse für sein beabsichtigtes Handeln gezogen hat. Der Verweis darauf, daß man schon immer in dieser Form verfahren hat, oder aus alter Freundschaft handelt, reicht den Banken als Begründung allein nicht aus. Aus Bankensicht handelt es sich hierbei nicht um tragfähige Fundamente für eine gesicherte Geschäftstätigkeit in Zukunft. Insbesondere eine auf Freundschaft basierende Geschäftsbeziehung kann beispielsweise bei persönlichen Differenzen unverhofft abgebrochen werden.

c) Kunden

Der zu erstellende Unternehmensplan sollte auch Auskunft über die einzelnen Kunden geben. Neben einer zu erstellenden Kundenliste bedarf es der Angabe weiterer Detailinformationen, die es der Bank ermöglichen, die Kundenbeziehung auch wirtschaftlich zu beurteilen.

Aus diesem Grunde ist einerseits der Jahres-/ bzw. Monatsumsatz, differenziert nach Kunden aufzulisten. Hierdurch können die prozentualen Anteile eines Kunden am Gesamtumsatz bestimmt werden, so dass im Hinblick auf den Umsatz nach wichtigen und unwichtigen Kunden differenziert werden kann.

Zudem bedarf es der Angabe der Umsatzrentabilität, damit eingeschätzt werden kann, ob die Umsätze mit dem Kunden überhaupt Sinn machen. Lediglich hohe Umsatzzahlen bürgen noch nicht für eine gute Kundenbeziehung. Durch Ermittlung der Rentabilität können verlässliche Aussagen dahingehend getroffen werden, ob sich ein Engagement bei einem Kunden überhaupt lohnt und es in Zukunft stärker oder geringer in Bezug auf den Gesamtumsatz gewichtet werden muß.

Ebenso darf eine Aussage zu der Frage, wann und in welcher Form der Kunde Rechnungen üblicherweise begleicht, nicht fehlen. Hierdurch besteht nämlich aus Sicht der Bank die Möglichkeit, ein etwaiges Ausfallrisiko zumindest abzuschätzen. Bei späten Zahlungen erhöht sich das Risiko des vollständigen Zahlungsausfalles, da der Kunde zwischenzeitlich insolvent werden kann. Darüber hinaus eröffnet der späte Rechnungsausgleich erhöhten Zwischenfinanzierungsbedarf. Dem Unternehmen sind durch Erbringung seiner Leistungen bereits Kosten (Lohn, Material etc.) entstanden, die er zunächst abdecken muß und zu einem späteren Zeitpunkt vergütet erhält.

Letztlich sollte der Unternehmensplan auch im Hinblick auf die Kunden einen Ausblick dahingehend enthalten, welche Kunden in Zukunft hinzugewonnen werden sollen und warum dies aus Sicht des Unternehmens notwendig erscheint. Ebenso darf bezüglich der bereits bestehenden Kundenverbindungen eine entsprechende Aussage nicht fehlen.

Diese sogenannte Kundenprognose bietet der Bank die Möglichkeit, das Marktumfeld eines Unternehmens konkret einzuschätzen, was von wesentlicher Bedeutung ist. Oftmals findet bei den Banken bereits die Einordnung eines Unternehmens aufgrund Branchenzugehörigkeit statt, was teilweise hinderlich sein kann. So werden beispielsweise Transport- und Speditionsunternehmen im Regelfall mit mangelhafter Bonität beurteilt, obwohl das konkrete Unternehmen gute Bonität aufgrund zahlungskräftiger Kunden besitzt. Dieser Nachteil kann nur durch nachvollziehbare Darlegung der Kundenprognosen und Kundenbeziehungen ausgeglichen werden.

Hiernach wird deutlich, daß es gewisser Grundkennzahlen bezüglich der Kunden bedarf. Diese beziehen sich neben dem Marktanteil, der den Umfang eines Geschäftes in einem gegebenen Markt definiert, auch auf die weitergehenden Fragen der Kundenakquise, Kundentreue, Kundenzufriedenheit und Kundenrentabilität. Es handelt sich dabei um Bereiche, zu denen auf jeden Fall Aussagen getroffen werden müssen. Sicherlich bestehen weitergehende Kategorien, die aussagekräftig sein können, hier sollen jedoch zunächst nur die wesentlichsten Punkte angesprochen werden. Es dürfte wenig Sinn machen, zu einer Vielzahl von Punkten Stellung zu nehmen und diese auszuwerten, aber hierdurch den Blick für das Wesentliche zu verlieren.

In diesem Zusammenhang bedarf es somit einer nach diesen Punkten geordneten Darstellung für die Banken. Dabei müssen die jeweiligen Kennzahlen der Einzelbereiche ein in sich schlüssiges und aussagekräftiges Bild über die Kunden- und Marktsegmentierung widerspiegeln.

d) Stärken/Schwächen

Bei der Erstellung des Unternehmensplanes ist auch konkret auf Stärken und Schwächen des eigenen Unternehmens einzugehen. Man sollte ruhig die eigenen Stärken umfassend, jedoch ohne blumige Ausschmückung, darstellen.

Hierdurch kann die Bank einen klaren Eindruck des jeweiligen Unternehmens gewinnen und mögliche Vorteile eines Engagements abschätzen.

Demgegenüber sollte man auch eigene Schwächen offen ansprechen. Der Versuch, diese zu verheimlichen, wird kaum von Erfolg gekrönt sein. Vielmehr werden diese durch die Bank ohnehin aufgedeckt werden, da diese sich regelmäßig umfassend Unterlagen vorlegen lassen, die dann auch eingehend überprüft werden.

Aus diesem Grunde ist es ratsamer, offensiv eigene Fehler offen zu legen und gleichzeitig zu erläutern, warum diese bestehen und wie man sie abzustellen gedenkt. Hierdurch kann der Unternehmer gegenüber der Bank zum Ausdruck bringen, daß er sich seiner Fehler bewußt ist, aber auch gleichzeitig den Willen und die Bereitschaft besitzt, die zur Abstellung notwendigen Konsequenzen für die Zukunft hieraus zu ziehen.

Es versteht sich in diesem Zusammenhang von selbst, daß auch den Banken bewußt ist, daß ein Unternehmen Fehler macht. Ansonsten läge das perfekte Unternehmen vor, das in der Praxis sicherlich nicht existiert. Es wäre geradezu misstrauenerweckend, wenn ein Unternehmer versuchen würde, diesen Eindruck bei der Bank hervorzurufen. In einem derartigen Falle bräuchte er keine Kredite, sondern allenfalls eine Beratung bezüglich besonders rentabler Geldanlagen.

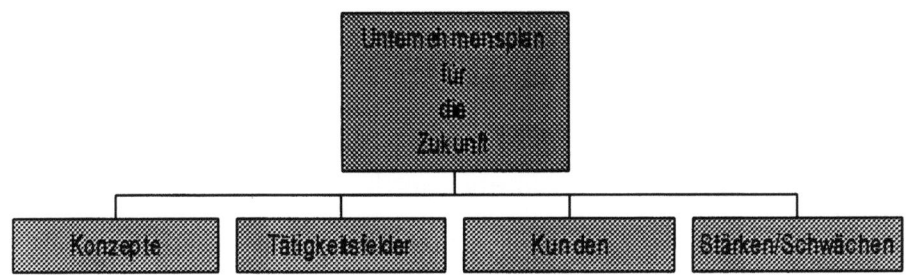

3. Personalcontrolling

Als weiterer Ansatzpunkt für die Verbesserung des Ratings bzw. Scorings bietet sich der Bereich des Personalwesens an. Hierbei handelt es sich um den oftmals kostenintensivsten und am schwierigsten zu kontrollierenden Faktor in einem Unternehmen.

Dabei ist es aus Sicht der Banken von wesentlicher Bedeutung, daß ein Unternehmen insbesondere in diesem Bereich über fundierte und damit aussagekräftige Kennzahlen verfügt. Hierdurch bestehen vielfältige Analysemöglichkeiten des Unternehmens in seiner Gesamtheit.

Anhand der Kennzahlen können Rückschlüsse z.B. auf Altersstruktur, Krankenstand, Lohnniveau etc. gewonnen werden. Dabei kann die kreditgebende Bank letztlich auch verläßliche Prognosen hinsichtlich des Firmenpotentiales für die Zukunft abgeben und ihr Kreditrisiko genauer abschätzen. Es dürfte klar sein, daß bei fehlender, lückenhafter oder nur schwerlich nachvollziehbarer Darlegung der einzelnen Punkte die Bank hier bereits aus Sorgfaltsgesichtspunkten zu einer negativen Einschätzung gelangen muß. Aus Bankensicht ist zur

Sicherheit im Zweifelsfalle immer von der denkbar schlechtesten Konstellation auszugehen.

Soweit man die grundsätzliche Frage, ob Personalcontrolling erforderlich ist oder nicht, beantwortet hat und diese letztlich mit einem klaren „Ja" beantwortet, so stellt sich die Frage der konkreten Umsetzung in der Praxis. Diese ist maßgeblich geprägt durch den mit dem Personalcontrolling angestrebten Erfolg. Aus diesem Grunde sollte sich die notwendige Kennzahlenermittlung auf nachfolgende wesentliche Punkte erstrecken, die lediglich ein grobes Raster darstellen, das immer auch im Hinblick auf den konkreten Einzelfall gegebenenfalls erweitert oder eingeschränkt werden muß.

a) Analyse der Mitarbeiterstrukturen

Damit möglichst ein differenziertes und somit auch aussagekräftiges Ergebnis bei der Kennzahlenermittlung gewonnen werden kann, bedarf es zunächst der Analyse des Mitarbeiterstammes.

Dabei ist in einem ersten Schritt zwingend zwischen gewerblichen und kaufmännischen Mitarbeitern zu unterscheiden, damit verläßliche Kennzahlen gewonnen werden können.

Beide Gruppen unterscheiden sich neben den konkreten Arbeitsanforderungen auch hinsichtlich Bildung, Vergütung und Arbeitsbedingungen wesentlich voneinander. Darüberhinaus differieren beide Seiten im Hinblick auf ihr konkretes Tätigkeitsfeld nicht unerheblich.

Bei gewerblichen Mitarbeitern liegt im Regelfall der Tätigkeitsschwerpunkt auf der körperlichen und bei kaufmännischen Mitarbeitern auf der geistigen Komponente. Hierdurch bedingt divergieren die Anforderungen an die Mitarbeiter entsprechend. Ein körperlich arbeitender Mitarbeiter beispielsweise, der wohlmöglich den unterschiedlichsten Witterungsbedingungen ausgesetzt ist, ist tendenziell häufiger arbeitsunfähig oder benötigt eher Kur- und Erholungsmaßnahmen als ein Mitarbeiter, der im gleichmäßig klimatisierten Büro am Schreibtisch sitzt.

Als weiteres Beispiel läßt sich anführen, daß beide Bereiche völlig unterschiedliche Anforderungen an ihr Umfeld bzw. die betrieblichen Rahmenbedingungen stellen. Im Bereich der gewerblichen Arbeitnehmer werden unter Umständen andere Sozialräume benötigt (Dusch- und Umkleidegelegenheit u.ä.) als im kaufmännischen Bereich.

Anhand der vorangegangenen Beispiele wird somit deutlich, daß beide „Arbeitnehmerarten" aufgrund ihrer spezifischen Unterschiede getrennt zu untersuchen und zu beurteilen sind. Im Rahmen dieser Untersuchung ist sodann eine weitergehende Unterteilung vorzunehmen. Bei der Ausrichtung ist darauf zu achten, daß für beide Gruppen getrennt einzelne Erkenntnisbereiche mit dem Ziel analysiert werden, am Ende eine verläßliche Aussage bezüglich der Mitarbeiter zu treffen. Somit ist die gesamte Analyse allein an diesem Zweck auszurichten.

1) Qualifikation

Als wichtiger Unterpunkt sollte die Qualifikation der Mitarbeiter in die Analyse miteinbezogen werden. Diesbezüglich bedarf es zunächst der Klärung, über welchen Bildungsstand der Einzelne verfügt. Hierunter versteht man im allgemeinen, welche Schul- und Berufsausbildung vorliegt.

In einem weiteren Schritt sind Weiterbildungs- und Qualifizierungsmaßnahmen zu ermitteln. Hierdurch können sowohl Defizite als auch Überqualifikationen in einzelnen Bereichen aufgedeckt werden. Oftmals kann bereits durch diese Erkenntnisse der Arbeitsablauf effizienter gestaltet oder gar umstrukturiert werden, weil Mitarbeiter nach ihrer individuellen

Qualifikation und dem durch den Arbeitsplatz gesetzten Anforderungsprofil gezielter eingesetzt werden können. Dadurch eröffnet sich für den Unternehmer auch die Möglichkeit, bisher unentdeckte oder nicht ausreichend geförderte Potentiale seiner Mitarbeiter am richtigen Ort zur richtigen Zeit gewinnbringend einzusetzen.

In diesem Zusammenhang darf auch nicht verkannt werden, daß sogenannte Fehlbesetzungen ebenfalls aufgedeckt werden können. Möglicherweise sind auf einigen Positionen Mitarbeiter eingesetzt, deren Qualifikation unzureichend ist oder im Vergleich zu anderen Mitarbeitern niedriger zu bewerten wäre.

Als weitere Maßnahme der Kennzahlermittlung muß nicht nur der Ist-Zustand sondern auch der Soll-Zustand der Mitarbeiterqualifikation ermittelt werden. Es reicht nicht aus, wenn das Unternehmen die einzelnen Qualifikationen der Mitarbeiter kennt und hieraus gegebenenfalls die notwendigen Schlüsse für eine Umstrukturierung zieht. Vielmehr bedarf es weitergehender Überlegungen auch dahingehend, ob die bestehenden Qualifikationen weiterentwickelt werden können.

2) Weiterbildung

Für aussagekräftige Analyseergebnisse bedarf es auch der Auseinandersetzung mit der Frage der Weiterbildung. Hierbei muß der Arbeitgeber vor dem Hintergrund der bereits im Zusammenhang mit der Qualifikation gewonnenen Daten Überlegungen anstellen, ob und gegebenenfalls wie sich Weiterbildungsmaßnahmen der Mitarbeiter positiv auf das Unternehmen auswirken können.

Selbstverständlich wird jeder Arbeitgeber nun aufschreien, weil Weiterbildung sowohl zeit- als auch kostenintensiv ist. Zudem müssen Mitarbeiter für Schulungen freigestellt werden und deren Arbeit von anderen Mitarbeitern miterledigt werden, was innerhalb der Belegschaft nicht immer freudig aufgenommen wird.

Fraglich ist jedoch, ob diese plakative Sichtweise aus heutiger Sicht nicht überholt ist. In Anbetracht eines sich ständig verändernden Arbeitsmarktes mit ständig wechselnden Anforderungsprofilen kann eine derart pauschale Betrachtung kaum mehr ernsthaft vertreten werden. Die Arbeitsplätze und die hiermit verbundenen Anforderungen unterliegen einem ständigen Wandel, dem sich ein vorausschauender Arbeitgeber kaum verschließen kann. Hierbei liegt die Verantwortung klar auf Seiten des Arbeitgebers. Dieser kann durch gezielte

Mitarbeiterschulung den Aufgabenbereich des Einzelnen erweitern oder ihn auch effizienter einsetzen.

Dies kann sich darin äußern, dass der Arbeitnehmer durch Weiterbildung über ein erweitertes, möglicherweise höherwertiges Tätigkeitsspektrum verfügt, das letztlich auch der Qualitätssicherung dienen kann.

Als weiteren Punkt sollte man nicht die Tatsache aus den Augen verlieren, daß Schulungsveranstaltungen motivierend auf den Mitarbeiter wirken können. Dies ist ein Effekt, der nicht zu unterschätzen ist.

Ebenso können bisher zu wenig geförderte, aber mit erheblichem Potential versehene Mitarbeiter gezielt an herausfordernde Aufgaben herangeführt werden.

Insbesondere im Rahmen von Bankgesprächen kann es hilfreich sein, wenn der Unternehmer zeigt, daß er sich seiner Verantwortung gegenüber den Mitarbeitern bewußt ist und bestrebt ist, deren Potential zu erkennen und möglichst nutzbringend für das Unternehmen einzusetzen. Zudem besteht der Vorteil, daß der Unternehmer auch seine vorausschauende, an den sich verändernden Marktbedingungen orientierte Unternehmensplanung hierdurch dokumentieren kann.

Im Ergebnis kann die Weiterbildung der Mitarbeiter die ebenfalls wesentlichen Problempunkte der Qualität und Quantität im
Personalbereich beeinflussen.

3) Qualität/Quantität

Als weiterer notwendiger Analysepunkt muß auf die Frage der
Qualität und Quantität eingegangen werden. Der Unternehmer
muß vor dem Hintergrund der ermittelten Bildungs- und
Weiterbildungsstandards auch immer die Frage der Qualität
des Personals sowohl im Ganzen als auch im Detail untersuchen und gegebenenfalls hieraus seine Schlüsse ziehen.

Die Qualität der einzelnen Mitarbeiter anhand ihrer
Qualifikation und der Art und Weise, wie diese praktisch eingesetzt werden gilt es dabei zu messen. Lediglich die ermittelte
Qualifikation kann allein keine verläßliche Aussage zur Mit-
arbeiterqualität zulassen. Es bedarf auch der Klärung, wie der
einzelne Mitarbeiter letztlich sein theoretisches Wissens- und
Fähigkeitspotential auch in der Praxis umsetzt. Nur dann, wenn
ein hohes Maß an Umsetzungsfähigkeit besteht, kann auch ein
hoher Qualitätsstandard gesichert werden.

Darüber hinaus darf nicht verkannt werden, daß im Ergebnis nur ein hoher Qualitätsstandard des Unternehmens insgesamt ein Garant für Erfolg sein kann. Aus diesem Grunde muß berücksichtigt werden, wie sich die Qualität des Unternehmens unter Zugrundelegung des Zusammenwirkens aller Mitarbeiter bemißt.

Auf die Qualität als Team kommt es an.

Dies sollte aus Sicht des Unternehmers nicht aus den Augen verloren und entsprechend gefördert werden.

Neben der Qualität sollte auch die quantitative Arbeitsleistung des Einzelnen sowie des Unternehmens an sich ermittelt werden. Allein ein hoher Qualitätsstandard gewährleistet noch nicht unternehmerischen Erfolg. Vielmehr bedarf es auch hier des optimalen Zusammenspiels auf hohem Qualitätsniveau bei optimaler Quantität. Die Qualität ist deshalb zunächst in Relation zur Quantität zu setzen. Sodann ist einem weiteren Schritt zu überlegen, ob bei optimaler Qualität ein Optimum an Quantität erreicht wird. Dabei sind beide Faktoren insbesondere im Hinblick auf ihre Wechselwirkung zu untersuchen. Die Qualität ist immer auch beeinflußt von der Quantität und umgekehrt. Eine erhöhte Arbeitsqualität erfordert beispielsweise höheren Zeitaufwand, und bedingt hierdurch sinkt die Quantität automatisch, außer es werden mehr Arbeitsstunden abgeleistet, was wiederum zu Leistungsverlust und somit sinkender Qualität führt.

Hieran wird exemplarisch deutlich, daß der Bereich Qualität/Quantität nicht unterschätzt werden darf. Aufgrund der komplexen Wechselwirkung beider Bereiche sind Maßnahmen bzw. Veränderungen eingehend zu durchdenken. Oftmals erreicht man auf der einen Seite durch Veränderungen positive Effekte, die auf der anderen Seite jedoch wieder negative Auswirkungen zeigen.

4) Altersstruktur/Fluktuation

Das Personalcontrolling sollte sich weiterhin auch mit der Frage der Altersstruktur und der Mitarbeiterfluktuation auseinandersetzen.

Die Ermittlung der Altersstruktur sowohl abteilungsbezogen als auch betriebsbezogen eröffnet einen Einblick dahingehend, ob und gegebenenfalls wann Veränderungen aus Altersgründen notwendig werden können. Hierdurch kann der Unternehmer sich frühzeitig auf notwendige Veränderungen einstellen und überlegt die entsprechenden Maßnahmen einleiten. Diesbezüglich kann es Sinn machen, in verschiedenen Abteilungen unterschiedliche Altersstrukturen vorzufinden. So gibt es Tätigkeitsbereiche, in denen Mitarbeiter mit langjähriger Berufserfahrung notwendig sind, so daß dort eine anders geartete Struktur vorzufinden ist als in Bereichen, in denen es hierauf nicht derart wesentlich ankommt.

Auch hier zeigt sich deutlich, daß eine generalisierende Betrachtungsweise fehl am Platz ist. Aus Sicht des Unternehmens bedarf es hier der Herausarbeitung der Strukturen mit Erläuterung, warum diese Struktur besteht und weshalb sie für das Unternehmen notwendig ist. Die Bank kann nicht im Detail wissen, warum eine bestimmte Struktur vorhanden oder notwendig ist.

Durch Vorlage von Daten in diesem Bereich kann dokumentiert werden, daß der Unternehmer vorausschauend handelt und nach Kräften bestrebt ist, bestehende Standards für die Zukunft zu sichern und soweit notwendig auch zu verbessern. Hierdurch zeigt sich, daß der Unternehmer über sein Unternehmen informiert ist und die notwendigen Maßnahmen ergreift.

Im Falle des Ausscheidens von Mitarbeitern im Bereich von Schlüsselpositionen bedarf es der Erläuterung, wie derartige

Lücken geschlossen werden sollen, ohne daß es zu Nachteilen für das Unternehmen führt. Hierbei handelt es sich um einen äußerst sensiblen Bereich, der für den Erfolg und Fortbestand eines Unternehmens von entscheidender Bedeutung sein kann.

Ebenso sollte eine Analyse der Mitarbeiterfluktuation nicht fehlen. Diese kann hilfreiche Rückschlüsse auf das Unternehmen in der Gesamtheit und in einzelnen Abteilungen zulassen. So kann eine hohe Fluktuation für persönliche Probleme der Mitarbeiter untereinander, für ein unlukratives Tätigkeitsfeld oder zu hoch bzw. zu niedrig angesetzte Anforderungen an die Mitarbeiter gewertet werden. Darüber hinaus darf auch nicht aus den Augen gelassen werden, daß der Weggang eines Arbeitnehmers im Regelfall auch Reibungsverluste zur Folge hat. Die notwendige Kontinuität kann nicht stets gewährleistet werden. Oftmals sinken auch die Qualität und Quantität durch ständige Einarbeitung neuer Mitarbeiter.

Somit wird deutlich, daß die vielfältigen Rückschlußmöglichkeiten auch ein erhebliches Verbesserungs- bzw. Veränderungspotential beinhalten, was keinesfalls unterschätzt werden sollte.

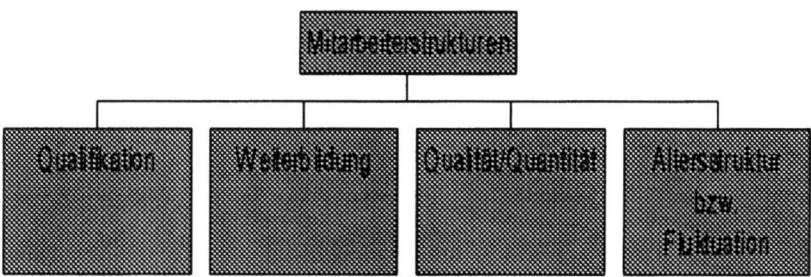

b) Analyse der Geschäftsleitung

Neben der Analyse der Mitarbeiter muß sich selbstverständlich auch kritisch mit der Geschäftsleitung bzw. mit dem Firmeninhaber auseinandergesetzt werden.

Hierbei gilt es, neben eigenen Stärken auch die Schwächen nüchtern festzustellen und zu beurteilen. Um einen möglichst aussagekräftigen Gesamteindruck zu gewinnen, worum es hier letztlich geht, bedarf es der Gegenüberstellung sowohl der positiven als auch der vermeintlich negativen Merkmale.

In einem weiteren Schritt sind dann Überlegungen, wie die bestehenden Schwächen abgebaut und die Stärken ausgebaut werden können, anzustellen. Auch hier gilt das im Zusammenhang der Mitarbeiteranalyse Gesagte entsprechend. Sowohl in qualitativer als auch quantitativer Hinsicht ist die Geschäftsleitung zu beurteilen und ggfls. eine Potentialanalyse durchzuführen. Aus Sicht der Banken kann durch eingehende Kenntnis der Geschäftsleitung durchaus auf das mögliche Potential des Unternehmens sowohl in positiver als auch negativer Hinsicht geschlossen werden.

Ziel ist auch hier, einen möglichst positiven Eindruck bei der Bank zu hinterlassen. Bei offensichtlichen Mängeln in der Geschäftsleitung wird voraussichtlich das gesamte Unternehmen negativ beurteilt. Dies begründet sich damit, daß zwischen Geschäftsleitung und übriger Belegschaft Wechselwirkung besteht, d.h. daß der Unternehmenserfolg nur dann gegeben sein wird, wenn beide Bereiche optimal miteinander korrespondieren. Darüber hinaus gilt hier ebenfalls der Grundsatz, daß ein Unternehmen nur so gut sein, wie es der Chef selbst auch ist.

Somit dürfte deutlich werden, daß die Analyse der eigenen Person bzw. der an der Geschäftsleitung beteiligten Personen ein weiterer wesentlicher Faktor des Personalcontrollings darstellt, der auch Auswirkungen auf das Rating/Scoring der

Banken hat. Oftmals nutzen die Banken gerade diesen Punkt, um zu erkennen, ob und letztlich wie kritisch die Geschäftsleitung sich selbst gegenüber steht. Die Auseinandersetzung mit eigenen Stärken und Schwächen sowie der Bereitschaft, diese weiterzuentwickeln bzw. auszumerzen und sich dabei seiner Vorbildfunktion gegenüber den Mitarbeitern bewußt zu sein, wird zunehmend positiv beurteilt.

4. Konzept für die Zukunft

Letztlich muß der Bereich des Personalcontrollings am Ende ein in sich nachvollziehbares Konzept für die Zukunft beinhalten. Den Banken muß in nachvollziehbarer Weise dargelegt werden, welche Kennzahlen der Unternehmer ermittelt hat und auf welcher Basis dies erfolgt ist.

In einem weiteren Schritt wäre dann darzustellen, welche allgemeinen Schlüsse aus diesen Zahlen gezogen wurden und wie dies sodann konkret auf den betroffenen Betrieb anzuwenden ist. Hierbei ist aus Sicht der Banken von Bedeutung, daß klare Konzepte aufgezeigt werden, die eine Perspektive bieten. Es muß hierbei deutlich werden, daß das Unternehmen aus den gewonnenen Erkenntnissen klare Zukunftskonzepte entwickelt hat, die umsetzbar sind und das Unternehmen „voran bringen".

Vor allem die konkret positive Entwicklungsmöglichkeit kann oftmals einen wesentlichen, wenn nicht gar den wesentlichsten Schritt, für ein positives Bankengespräch darstellen. Letztlich darf nicht verkannt werden, daß die Banken auch motiviert werden müssen, ihr Engagement beizubehalten, zu erweitern oder gar die Konditionen zu verbessern. Soweit nicht anhand klarer und auf eine solide Basis gestellter Konzepte die notwendigen Verhandlungen geführt werden, ist Erfolg aus Unternehmersicht nicht zu erwarten.

Vor dem Hintergrund der vorbezeichneten Punkte zeigt sich sehr deutlich die Notwendigkeit, bereits frühzeitig im Hinblick auf Basel II Überlegungen anzustellen, die das Unternehmen entsprechend wappnen. Dabei darf jedoch nicht nur im Stadium der Überlegung verharrt werden, sondern es sollten auch konkrete Maßnahmen ergriffen und konsequent verfolgt werden. Lediglich dann, wenn in dieser Form, d.h. offensiv mit den zukünftigen aus Basel II resultierenden Schwierigkeiten umgegangen wird, besteht auch die Möglichkeit, die Veränderungen als Chance zu nutzen.

Der einzelne Unternehmer sollte die sich aus Basel II ergebenden Veränderungen nicht nur negativ bewerten. Vielmehr

102

eröffnen diese ihm nunmehr die Möglichkeit, die Unternehmenssituation genau zu analysieren und zu bewerten. Mithin bietet sich dann auch die Möglichkeit, auf erkannte Schwächen und Stärken angemessen zu reagieren.

Die am Ende der Analyse gewonnen Erkenntnisse durch Auswertung der Kennzahlen sollten sodann genutzt werden, um die sich als Konsequenz hieraus ergebenden Prozesse aufzuzeigen.

Zum einen ist der sogenannte Innovationsprozeß, der sich mit der Identifizierung der aktuellen und zukünftigen Kundenwünsche und der hieraus sich ergebenden Entwicklung neuer Lösungen für diese Wünsche auseinandersetzt, aufzuzeigen.

Hierzu bedarf es zum einen der Marktidentifizierung durch Ermittlung der Marktgröße, der Besonderheiten der Kundenwünsche und der preislichen Eckpunkte für die Zielprodukte oder – dienstleistungen mit Methoden der Marktforschung.

In einem weiteren Schritt wäre die Schaffung des Produktions- und Dienstleistungsangebotes notwendig. Hierbei orientiert man sich im Regelfall an den für die Entwicklung neuer Produkte und Dienstleistungen notwendigen Aufgaben. Ebenso ist dabei auch die Darlegung vorhandener Technologien für diese Innovationen sowie die Platzierung auf dem Markt von Bedeutung.

Die zahlreichen vorgenannten Punkte zeigen sehr deutlich, daß die Vorbereitung auf das mit Basel II verbundene Bankenrating komplex ist und nicht auf die leichte Schulter genommen werden kann. Ebenso wird die Problematik deutlich, daß der einzelne Unternehmer den gesetzten Anforderungen zur Ermittlung aussagekräftiger Kennzahlen nur schwerlich nachkommen kann. Hierfür sind oftmals die Personal- und Zeitkapazitäten zu gering. Die Zusammenstellung und Auswertung der Zahlen ist von ihrem Umfang her bereits sehr zeitaufwendig.

Zudem ist es oftmals nicht möglich, ohne die Inanspruchnahme kompetenter Hilfe eines Fachmannes die Kennzahlen zutreffen und umfassend zu ermitteln und auszuwerten.

Es bedarf somit grundsätzlich der Beauftragung geeigneter Fachkräfte, die in Zusammenarbeit mit dem Unternehmer die Zahlen erarbeiten und auswerten. Dabei muß jedoch auch immer im Hinterkopf behalten werden, daß die Beauftragung derartiger Fachleute oftmals kostenintensiv ist. Diese Kosten dürfen jedoch vor dem Hintergrund der Bedeutung dieser Angelegenheit nicht gescheut werden. Ansonsten würde man letztlich am falschen Ende sparen.

Die mit der Einführung von Basel II verbundenen Probleme können nach heutiger Einschätzung auch nur dann erfolgreich angegangen und gelöst werden, wenn bereits frühzeitig, d.h. mit einigen Jahren Vorlaufzeit, die skizzierten Schritte angegangen werden. Jede Maßnahme bedarf einer gewissen Vorlaufzeit, bis sie greift, und oftmals erweisen sich zunächst eingeschlagene Lösungswege als nicht hinreichend erfolgreich oder gar falsch, so daß es gegebenenfalls einer Kurskorrektur bedarf.

Dies gilt umso mehr in den Branchen, die bereits heute als negativ beurteilt werden. Sie können auf Dauer nur dann weiter existieren, wenn rechtzeitig Maßnahmen ergriffen werden. Dies sollte aber nicht zu wildem Aktionismus führen. Vielmehr sollten die vorstehenden Ausführungen als eine Art Leitfaden genutzt werden, der die Möglichkeit eröffnet, den sich abzeichnenden Problemen adäquat und wirkungsvoll entgegen zu treten.